革命塔羅

REVOLUTION TAROT

李艾克

—著—

1. 使用本書，請在占卜時完全斷絕逆位塔羅牌的思緒，再進行占卜會比較準確。
2. 書上的單張牌義需搭配前後牌來作綜合判讀，勿以單一一張來論斷整個問題。
3. 願意的話可以把這個新型態的觀念推廣出去，期待更多夥伴加入。
4. 請以協助被占卜者的角度出發，以正派的角度協助占卜。
5. 本書的確有許多別於其他書籍的特別觀點，但勿抨擊其他人的看法，畢竟牌有多解性質。
6. 若仍心存逆位思想根深蒂固難以去除，請別直接使用本書的反義來解牌，會影響準確。
7. 革命塔羅代表著一個新觀念，主旨在於協助一般占卜者一個新的清晰解牌方式。
8. 所有牌的新解背後是無數次實際占卜的經驗集合所成，歡迎推廣本書，但請勿抄襲抄錄。
9. 如果你是職業占卜師請一定要收費，並遠離那些拖欠費還想占卜的人。
10. 請以善良的心解牌，作最大程度的解釋，依照牌面的訊息，盡力解答被占卜者的疑問。
11. 如果您覺得本書解牌精準，請於網路上多加推廣，將會有更多的延伸書籍繼續出版問世。
12. 本書核心目標是成為最好查詢的塔羅書，不僅大牌與各元素都有註記，也無多餘頁面。
13. 想要購買塔羅艾克相關產品請洽：shopee.tw/aikenien
14. 想要加入塔羅艾克 IG 請洽：塔羅艾克
15. 想要加入塔羅艾克臉書請洽：塔羅艾克
16. 想要線上偶遇塔羅艾克請洽：APP 下載 LEMO ID：3537499
17. 想要線上算牌請洽：http://lin.ee/prAFvtT或書後折口
18. 商業合作想要聯絡塔羅艾克請洽：Aikenien@gmail.com
19. 想要斗內支持塔羅艾克創作請洽：You Tube 塔羅艾克
20. 想知道本書的創作歷程，想要免費大眾占卜與線上學習請洽：You Tube 塔羅艾克
21. 實體課程籌備中，最新消息以 You Tube 塔羅艾克，發布為主

免責聲明＆溫馨提醒

本書所提及之博弈投入並非指金錢而是在生活中我們往往會想要賭一把拚一個機會拚一個告白拚一個抽獎等等進而作為運氣指標。最常使用在想衝一波之前的參考。

溫馨提醒本書的流派不同於其他流派，歡迎志同道合者一起鑽研討論，若是有不認同的讀者也沒關係，但請不要互相攻擊質疑。畢竟占卜就像攝影時的光圈、快門；就像烹調時的時間、溫度，就算不盡相同，也能有一樣的結果。

作者序

經過長時間的研究與實踐，我終於將自己在塔羅占卜的實務經驗彙整成冊。這本書是對我過往數千次占卜的回顧，也是對自己整段人生的深刻反思。在我生命中的各個重要時刻，塔羅牌始終是我不可或缺的指引。希望這本書能夠將我在實戰中積累的智慧與洞察分享給你，助你對塔羅牌有更深入的理解。

在曾經的塔羅占卜工作中，我經歷了一段驚悚的歷程，意外減輕了超過二十公斤的體重，為了健康，讓我不得不暫時停了下來。但可喜的是，這段豐富經歷讓我更深刻地理解到，感情和事業上的問題往往會反覆出現。若對這些問題不加以重視或拖延解決，最終承擔後果的還是自己。

正確的塔羅占卜能夠深度挖掘你的「潛意識」與「表意識」之間的聯繫，幫助你提前預見自己未來的走向，並「及時進行調整」，以實現最佳的結果。這也是塔羅占卜的根本價值所在，可以說是及時改善思想與習慣，提前修正的最佳選擇。

關於塔羅牌是否包含逆位的問題，不同的解讀方法各有其依據。根據歷史資料，早期的塔羅牌可能來自於古代壁畫或桌遊卡牌，這些早期形式的塔羅牌並未明確區分逆位。然而，現代的塔羅占卜方法多樣，有些占卜師選擇只使用大牌占卜，因此正位牌進行解讀，也是一種有效的實踐方式。

未來，我將推出系列書籍並開設線上和線下實體課程(小班制)。如果你有意進一步學習並成為塔羅師，我誠摯地歡迎你加入這個領域。我的 YouTube 頻道「塔羅艾克」將會與本書配合，提供深入的導讀和更新的資料，幫助你更好地掌握塔羅的奧秘。

為了方便讀者查詢，本書將專注於塔羅牌的核心知識，關於抽牌和牌陣的詳細內容將會在 YouTube 上展示，而不占用書本的版面。

感謝你購買本書，我們希望通過實際案例和深入探討，幫助你更全面地理解塔羅牌的精髓。

最後特別感謝我的塔羅之路，所有協助我一路走來的夥伴們：無特定排序：卡瓦、白白、噢齁、小丑、阿多、阿樂、晴晴、錢錢、芷蕾、甄音、藍藍。

感謝支持者們：芳、Ivy、00、語希、涼雨、佳穎、思喬。

目次

權杖（火）

聖杯（水）

REVOLUTION
TAROT

旅人0號牌
The Fool

一切的開端、啟程、萌芽期、純真、都可以、前途未知而茫茫

事件狀況：目前正處於起始階段，有許多事情需要好好籌備跟克服，此時不知道該做什麼也是很正常，只要想著把所有出現的事情盡量做好就好，等待此事上軌道以後，慢慢就能有適合的推進步調出現，「做中學」是最適合應對當前狀況的策略，擁抱困難吧！跨越後你將會變得更強大！

單身尋覓：由於本身的接納性很高，對於對象常來者不拒，很容易脫單，但同時也很難維持感情，會出現感情不間斷，次數同步累積的狀況，其實對自己來說不是真正的好事，因為就連自也不知道自己要的是什麼。此時要好好靜下心來，嘗試去理解感情的真諦，再去找對象會比較好。

伴侶戀愛：感情的初期階段，兩人還不算太熟，或是認識一段時間但對彼此深層方面尚不熟悉，此時須多點耐心，不要想著跳過一些步驟，情感累積是一門學問，循序漸進更是重要，若你真是新手，請從傾聽開始，不要嘗試幫忙對方解決問題，而是該練習共情，站在對方的立場思考。

事業工作：事業剛起步，距離成功還非常遙遠，先專注把手邊可以做好的事情做到盡善盡美吧，偉大的成功都有著許許多多的小成就做為根基，千萬別好高騖遠，一步一腳印才是真理。現在不太適合換工作，因為前途茫茫，還是先一邊做一邊尋找自己未來的道路較為妥善。

人格個性：很純真，有天真浪漫的個性，沒什麼城府，相處起來非常輕鬆。缺點是隨和到有點隨便，面子很薄很一激就怒，處事略顯幼稚，做事常常都只憑藉直覺，但創意無限，跳躍性的思考常常可以突破僵局。適合擔任創意相關產業新人，企劃專員等創意發想職務。

機會財運：充滿了無限的機會卻同時也充滿了無限的陷阱，你就像一張乾淨的白紙，接觸到什麼你就會變成什麼，此時千萬要謹慎，特別是交友圈。藉由尋求智者高人的意見，再來決定方向才是最好的方式。博弈投入方面完全不建議，因為現在連本都沒有，且在懵懂的情況下去實施，往往會吃虧吃到難以接受。

爭執誤會：不是什麼大問題，過陣子就會好了，不用特別去做些什麼，反而要明白人與人之間本來就會有所爭執誤會，只要你保持開放的心，設身處地的站在別人的立場去思考，就沒太過惡化的可能。不計較、別太要面子，事緩則圓，在自己還沒有太多處理問題的能力時，控制情緒，保持理性。

分手復合：這是一段很單純的感情，但這樣的感情最害怕遇到現實的改變或是閨蜜干涉，學生時期的戀愛就很像這段感情的主要部分，但在畢業後遇到社會層面的問題或是流言蜚語，單純的感情往往難以為繼，完全無法復合，請珍藏這段記憶，這或許是你人生最單純的一場愛戀或初戀。

塔羅建議：這張牌有顯著的兩個箴言：「保持耐心」與「歸零學習」。曾占卜一位學員，能力是理財業內前 10% 的存在，卻無法在新崗位得到施展，占卜得出寶劍三、錢幣七、旅人，我便提到上述兩個核心並請她落實，她恍然大悟，下次再見面時，升遷到哪個分行當經理是他新的占卜問題。

魔術師1號牌
The Magician

痛捨則獲大益、創造創新、思慮過甚、
才華洋溢

事件狀況：魔術師象徵創造力與自信，具有豐富潛力的時期，多相信自己，同時也有所捨有所得的含意。檯面下的骷髏象徵著不為人知的祕密，或是燃燒自己的努力與失去的人事物，只要你拿出足夠的犧牲，你能獲得任何你想獲得的事情，你可能無所不能，但同時也吝於付出。

單身尋覓：脫單輕而易舉，潛在對象非常多位，只是看你想不想定下來，有同時交複數對象的心態，只要你主動出擊都能手到擒來。對象方面非常多元，各種特質都有，若想好好朝長期發展，盡量選擇跟自己比不同的對象，畢竟自己太過於愛玩，需要一位能鎮住自己的對象才能長久。

伴侶戀愛：感情雖然不錯，但並不均衡，有一方被愛的有恃無恐，一方是犧牲委屈求全，這樣的狀態很難長久，除非一方持續發光發熱才能繼續，但若突然黯淡或休息，感情很快就回結束。雙方其實都有壓力，與其這樣一個跑一個追，不如緩下來讓兩者同步同調，才能往更長期關係發展。

事業工作：你有創新和實現目標的能力，勇於嘗試新的事物，善用自己的專長，搭配合適職位，你能夠發揮的淋漓盡致，讓你的事業更上高峰。換工作方面，簡直是想換就換，太多方向可以選擇，大家都很期望你的加入，你只要負責仔細選出最適合自己發揮的職位就好了，非常簡單。

人格個性：非常聰明，有豐富創造力與才華，但有著不為人知的陰暗面，唯有親近之人才有機看見。有強大的吸引力與魅力，在對象前展現自己的自信與能力，有成為海王／后的潛力。缺點是一個不小心就會介入別人的感情，工作能力突出，也容易遭同事嫉妒，瑣碎雜訊類情緒很多。

機會財運：可以獲得非常多元的發展小機會，你只能一個一個的把握，同時累積經驗，未來出現較有執行難度或較大規模的機會出現時，你會應對的比現在更好。博弈投入方面可以嘗試分散多元標的投入，不要單壓一個就可以收益顯著。也是少數適合同時進行複數機會的時機。

爭執誤會：冷靜下來仔細思考你會發現你有辦法解決，甚至動用一些對方不曾瞭解你的方式來化解爭執，例如平時嚴肅的你突然為了和解露出可愛的一面等。消除對方對你生氣的刻板印象，可以藉由讓對方看見你默默練習新技能，在展現當下基本就恢復八成。例如：小魔術、做菜、手工藝。

分手復合：勇敢的面對目前的局勢，展現你願意為了兩人而改變的決心，只要你願意，你一定會有辦法讓對方感覺你煥然一新。此牌意涵無所不能，但你若有所保留，所有感情上的成就都將離你而去，請充分發揮你的所長，並展現出來，用二次吸引的方式，來達成復合目的才是上策。

塔羅建議：此牌其實在感情中不算好牌，定是有一方犧牲不獲得回報，是一方很愜意一方很壓抑狀況，雖然一個願打一個願挨，但終究不是能長期維持的相處模式，若你是被愛請好好體諒對方的付出並給予認同與相應的回饋，若你是愛人，請好好善待自己，享受生活，有餘力再去愛人。

女教皇2號牌
The High Priestess

冰清玉潔、高尚智慧、聆聽自己

事件狀況：相信靈感，聆聽內在的聲音，相信直覺與感受，運用智慧解決問題，其實你的潛意識知道你要做什麼，就按照內心所想的去執行吧！別害怕沒有根據的前進，因為你本身就是事情的核心，唯有你堅持持續，事情才會逐漸朝你想要的方向前進，你停一切就停，千萬要相信自己。

單身尋覓：放下固有成見去尋找對象，會出現心靈相通且會支持你的人，有機會發展令人稱羨的一場戀愛，請好好把握，他或許不是那麼的熱情主動，但他會自帶一股高潔的氣息，與你目前所認識的對象截然不同，也比較安靜寡言，特點是眼睛很美，別怕難，這次把握好了就能迎向幸福了。

伴侶戀愛：你們有強大深入的精神層面連結，處於人生最美的愛戀當中，對方的氣質得體，典雅清秀，有一種能夠持續吸引的魅力，現階段就維持現況，改掉自己的壞習慣就可以相處得更好。此牌同時意涵「環境整潔」、「外表乾淨」、「精神潔癖」若這些是你未補足的部分請即刻補足。

事業工作：由於你對於事業的理解境界略顯不足，目前前景還尚未可知，有時在事業上太過於乾淨整潔，反而不會有好的成效，一些你不喜歡人情世故，恰恰是你最為不足的部分，嘗試學習補上，就能更好。換工作方面現在都是比較普通的工作，很不適合特別的你，觀望一陣子再換為佳。

人格個性：有靈性與智慧，有精神潔癖，出軌可能非常低的人。他們內向、安靜、冷靜、就像一股清流，無論男女皆有點仙人下凡的感覺，你會不自覺的被他的優雅的舉止或精緻的臉龐所吸引。缺點是有距離感，若與其熟識會遭對方的粉絲討厭或針對，他自己也無力約束他們。

機會財運：少數可以依靠直覺來做決策的牌，請依照你的直覺來選擇適合自己的機會，靜下心來選，你會選出最正確的方向。博弈投入方面由於你的傑出地位，收益都是自然靠攏自己的，所以你不用特別的去想要一搏什麼，反而玷汙了您的優雅，若真想試試手氣，那就直覺選，就會贏。

爭執誤會：放下外在的干擾依靠內心傾聽彼此的聲音，你會發現吵架本身很沒有意義，反而你們的關係才是如金如玉般貴重，這會有助於讓你重新思考，放下倔強，誠心的致歉並著手彌補這個傷痕，適合手作一個工藝品給對方，越是能彰顯你獨特特別的東西，越有成效。

分手復合：不容易復合，雙方雖然還有感情，但都太冷靜了，很可能最後默默而終，此牌在分手上不算太好的牌，因為愛得太理性太精神，缺乏實體的激情，所以對於復合，也會較難推進，後續時間過去，漸行漸遠，很快兩人就會完全失去聯繫，徹底變成陌生人。

塔羅建議：若是真的失去一段如此牌這般清流的戀情，可能再也找不到類似了，因為可遇不可求也是此牌的意涵之一。如果你不修邊幅、口出穢言、環境髒亂、女祭司都會離你遠去，其實沒有什麼不能改掉的壞習慣，只是你覺得會失去自我而不肯，但其實壞習慣越少，人生越美好。

女帝3號牌
The Empress

前景光明、半步豐收

事件狀況：用成熟的心態去面對問題，並對未來保持正向的思維，一切即將越來越好，你也無需去過度的擔心跟懷疑，維持自己正向的心靈是最重要的事，這件事情在你的處理之下會逐步地朝向你希望的方向前進，記得要持續輸出正向作為，保持自己的好狀態，目標終將抵達。

單身尋覓：你必須自己發光發熱，讓自我不斷提升，就能脫單，想辦法自我提升成為一個自己都喜歡的人吧！別讓過去的沒自信拖累了現在的自己。讓好的對象自然來追隨自己吧！你的人生原來就過得不錯，就差這最後一塊拼圖。（另外有自己過得好不想找對象來攪亂生活的的意涵）

伴侶戀愛：目前相處得還不錯，但其實還有非常多你想不到的增進感情方式，等你們去體驗。你們都把對方照顧得很好，但謹記要找機會適度示弱，讓另一半有所作為得以發揮，才有互相扶持的成就感。嘗試增添一些輕旅行，途中把對方照顧得很好，感情會繼續升溫，互相給予「幸福感」是核心重點。

事業工作：你執行目前的事業已有一段時間而且很熟練，有一定的成就，正在享受階段性的成果，同時升遷與擴大業績機會也很大，多拜訪客戶，現在的你狀態絕佳。換工作方面，目前也是不錯的時機，因為過往你的工作內容受到潛在職位公司的認可，因此你有多元的換工作管道，可換。

人格個性：懂得生活的人，富含美感，擅長空間設計，有母性的溫柔，也有稍強勢的堅強，很適合擔任動嘴不累的老闆娘。在團體中屬於前段領導階層，不是老大就是老二，最差也是擁有多人追隨的小領袖，是生活圈中的耀眼之星，性格也有十分吸引年輕新人靠近的特質。

機會財運：好運來了！好機會在你的周遭爆發，多到讓你難以抉擇，若有餘力可以選擇同步掌握，多頭獲益。若心力一般，也至少選一項來做，或許一選就讓你選到其中最好的。博弈投入方面因幾乎都能獲益，讓你感覺有點太不真實，適度見好就收也是一是個好辦法。

爭執誤會：不要急忙解釋與澄清自證，現階段先把問題擱置，以愛為前提先包容彼此的情緒，包含自己也要先釋懷，才能去呵護對方。過幾天後就會發現，其實彼此都可能誤解對方或會錯意進而衍生這些爭執，把兩人的怒火與愛戀同時放上天秤，相信答案很簡單，也就度過了這段。

分手復合：兩人之間還有感情，首先你自己需要放棄賭氣與堅持，你們吵架的原因也需要去根治，接著主動發出邀約，找一個環境優雅的餐廳，搭配美好的氣氛，在彼此放鬆的心情下，就很有機會復合。這是一段值得珍惜的感情，確實有挽回的必要性。單純哭鬧對於此事是毫無助益的。

塔羅建議：此牌其實代表著美好的前景與未來，坊間常以豐收二字概括，但我認為這兩字是指已經圓滿達成後的收穫，但此牌仍距離最終成果尚有一小段距離，因此以「半步豐收」來形容更為貼切。過往占卜此牌，未有一次是即刻改善或馬上變好的情況，是個仍需「呵護醞釀」的美好。

皇帝4號牌
The Emperor

責任、穩定的生活、孤獨、強勢、脫離現實

事件狀況：目前很多人給你出意見，但真正能做決策的人還是只有你一個人，你很想彙整多人的意見看看有沒有頭緒，但就像多頭馬車，人人提出意見皆有差異，此時你必須運用你的知識與眼界「乾綱獨斷」，事情才有機會重新回到你的掌握之中。你能解決越困難的問題將獲得更大的成功。

單身尋覓：由於你的「自我意識」太強，標準也不低，要脫單實在非常困難。本身很有想法，但同時也有點「天馬行空」，你要求對象的條件每一樣都不過分，但合在一起就十分過分，想辦法讓自己的認知與現實接軌，你就會發現、找對象並不難。只適合找小男／女人性格的對象交往。

伴侶戀愛：由一方單一領導的戀愛，相處模式猶如宮廷劇，若對方仍對感情關係有抵抗或排斥，那這段感情便很難長久，反之若一乖巧順從，一方強勢領導，是有機會發展長期關係的。少數在塔羅牌中，適合強勢經營感情的一張牌，因其有那個實力跟境界可以把兩人帶到更美好的未來。

事業工作：目前的事業較偏向於獨立作業，並不適合具有領導能力的你，若是在非管理職位你會發展的非常糟糕，反之亦然。若是創業也要多聘用下屬，平輩合作夥伴也無法為你加分。目前適合換為管理工作，帶領團隊是你的專長，有時候求職必須放下身段，先想辦法進去再用成績説話。

人格個性：有大男／女人的性格，領導能力佳，在團隊中可以負責分配工作，且有一定的威嚴感，雖然工作表現優異，但內心其實很悶騷，極度渴望被理解，因為自己孤獨太久，對於外界的誤解也不願解釋自清，但仍獨自累積龐大的壓力，若你能深入理解他，那與其交往也就沒問題。

機會財運：不要相信近期別人提供的機會，而是該用自己的睿智去主動尋找機會，雖然要花一點心思，但總比上錯車被牽著鼻子走好，同時也要留意周遭小人，別誤入由機會偽裝的騙局。博弈投入方面同樣要靠自己的判斷，近期只適合選自己認可的標的，適度投入會有不錯的收穫。

爭執誤會：適度的抬高對方的地位就能很快緩和下來，有時候對方只是讓你當老大的，而不是你本身就是個老大，但被愛的有恃無恐，久而久之就會忘記這個根本的原因，不要嘗試去控制對方，而是引導對方，重新建立一個進化的感情關係，有助於漸少爭執並增加長期發展的機會。

分手復合：由於你太過於強硬，拉不下臉放軟態度，因此復合機會渺茫，對方也會在脫離你的感情後，獲得舒暢性的解放，所以對於對方來説不算壞事，復合除非他太想不開才有可能。該改改你那統治式的感情經營了，這樣的關係你必須持續給予滿滿的情緒價值與安全感，並不易維持。

塔羅建議：單身抽到皇帝牌要脱單除非搭配充滿水火元素的牌組，不然非常困難，自我意識太強真的很適合做直播主或老闆領導等工作，這些能讓你充分揮灑你的行事風格，但在感情中，你必須拿捏把控自己的統治力，才會不因為過度高壓，長期扳著一張臉，讓美好的感情變質。

教皇5號牌
The Hierophant

救贖、引導者、過度被動

事件狀況：你過於淡然的處置方式終究讓事情開始出現變數，由於太久沒有更新數據與資訊，你已經無法輕鬆處理這件事，過往的習慣的應對方式逐漸被打破，你現在有點束手無策的感覺。但一切還有轉圜的餘地，請「毫無保留」的運用你的智慧重新檢視問題，事情本質很快就清晰可見了。

單身尋覓：秉持「佛系交友」的你在競爭激烈的脱單市場是很難脱穎而出的，因為你散發出怎麼樣孤單都沒關係與老子／娘不需要的氣場，對象就算出現也會敬而遠之。其實世界上沒有什麼事是不積極能達成的，再佛系下去最終只能望洋興嘆，現在開始改變不遲，由微笑與多説話開始吧。

伴侶戀愛：兩個人的親密關係不多，偏向精神性交流，有老夫老妻的感覺，關係上幾乎沒有什麼浪漫，取而代之的是柴米油鹽、養生健身，有一點失去愛的感覺。雖然目前暫無分手危機，但最擔心就是這樣平和的狀態，若被一個有趣靈魂外力介入，屆時你毫無招架之力，請戒慎恐懼。

事業工作：目前的事業做得不錯，但也沒什麼進步空間，你巧妙的拿捏投入的力度，只用三四分力就做出成績，但若要提升投入力道你卻完全不願，因而卡在這裡。換工作方面適合尋找適合基金會或宗教等工作，但也很有可能被你的「佛系找工作」給搞砸，最後還在原職位「佛系工作」裏。

人格個性： 聰明有生活品味，處世淡然，不喜歡勞動，做事喜歡只出薄力，就能應付大部分的工作，時間都用在自己的生活上居多，他有清晰的目標與推進的策略，都按照再進行當中，但時程拉得很長，就是因為他不想太累。特點是很少全力以赴，泰山崩於前也難改其色，心境不低的人。

機會財運： 由於你有自己的定見，所以對於出現的機會都很嚴格的挑選，因此不容易出現適合你的機會，要你降低標準也不容易，不如就多了解多看看，待更好機會來臨時好好把握。博弈投入方面其實不太有必要，因為你的性質就是錢會自己來，要讓你冒風險去獲利，簡直是白搭了。

爭執誤會： 有時候不要太被動，就是給人這種懶洋洋無所謂的感覺，讓人覺得你不珍惜他，此時該動用全力運作了，動起來，你很清楚知道所有能作的彌補與他的愛好，別收著力，開始落實吧，一旦你認真起來，問題很快就能得到解決，未來也要撥點心力經營關係，才不用像這次這般費勁。

分手復合： 兩人之間已經是沒有什麼交集了，若要復合只能尋找第三人，最好是兩人共同認識且認可的長輩或是老師等，將有微薄的機會，但因感情已經消散，需要重新重頭開始經營，也不能按照過往的模式相處，所以兩人之間有排斥力，很難取得共識重新開始，復合相當困難。

塔羅建議： 此牌代表著明顯的「投入不足」，牌下方兩把鑰匙也代表著「堅持」與「原則」，很多事情你都拉不下臉去全力做，雖然稍微投入就有成績，但在這樣的基礎下，很難有大的成功，面對真正想要的人事物，必須毫無保留才不會後悔。此牌也有遇到「貴人」、「恩師」的意涵。

戀人6號牌
The Lovers

依賴、真愛、熱烈的愛

事件狀況：此事目前是一個很好的狀態，環繞此事的人都跟你有不錯的交流，但為了「預防曇花」一現的可能，要盡快將事件向前推進，並與所有參與人協同並進，事件很快能進入下一個階段，別去擔心一些雜音而延誤計畫，現在就是一路往前，心無旁鶩，全心投入的時候。

單身尋覓：這是一個進入新戀情的好時機，由於牌面上的赤裸圖示，代表著彼此將毫無保留的相知，所以自身有什麼優缺點都很全面的攤在陽光下，若還來得及改趕緊改，來不及改的還是得著手修正，別再讓這些過去錯誤養成的壞習慣或錯事，干擾到你即將迎來的一段乾柴烈火的戀情。

伴侶戀愛：你已經把對方視為自己的一部分，所以對方能一定層度操控你的情緒，讓你喜樂難以自持，此時若是好的對象將會使你如魚得水，但若你的對象當初就沒選好，現在就是吃苦的開始，真愛不是錯，愛錯人才是錯。此牌也提醒你真正的愛情只值得給值得的人。

事業工作：你特別喜歡目前的事業，而且還得心應手，也曾想過一輩子做這行的心，是很不錯的工作狀態，但你的喜歡是現階段的喜歡，對於長遠發展其實你也抓不準，所以只能先選擇繼續做下去。換工作方面請選擇自己會很投入的方向，這樣才能有好的長遠發展，亂選會馬上想離職。

人格個性：魅力十足，非常感性的人，容易掉眼淚，也很願意付出，經常不求回報，對於感情很認真，但也有不少被辜負的過往，但慶幸的是，這樣的人他們不會改變自己對愛的態度，所以與其交往會得到非常純正的愛情。缺點是包容力過強，可能連暴力與許多惡習都能容忍。

機會財運：此牌意涵極少數適合與人一起合作的機會，可說是千載難逢的好時機，有可能在短期就獲得可觀的利潤或成就，但同時也稍縱即逝，得好好評估近期出現的機會。至於哪一個才是真正的好機會呢，就是那個讓你一見鍾情，想奮不顧身全力投入的那一個就是。博弈投入方面亦然。

爭執誤會：由於愛得太濃烈，你們都失去了理智，是非常激烈的爭執，但卻完全沒有什麼大事。若還想繼續，就不要去追逐吵架的表面原因，其實會這樣發展只是因為你們太過於想佔有對方，一旦對方表現不如你意，你就會非常難過並憤怒，但實際上你們還是很愛彼此，珍惜就能解決。

分手復合：兩人之間還有深厚感情，但若要復合必須以「長期關係」或「婚姻關係」為核心，畢竟兩人都知道彼此之前存在著激情與熱愛，但也是因為看不到未來而分離，所以解決這個問題會有很大的機會復合。此牌雖雖名為戀人，實則為短暫的激情，要發展為長久，需要耐心與堅持。

塔羅建議：此牌如同真誠不能單出，必須搭配長遠發展的牌才能決定整體的發展，若是搭配中止等意涵的負面牌組，非常可能為「短暫激情」。其實跟戀愛一樣，開始容易維持難，抽到此牌代表著非常大的依賴性，會有一種不能失去的強力執著，一旦事後沒有延續，將衍生很大的失落感。

戰車7號牌
The Chariot

尋求突破、波折與變動、多重變數、同舟共濟

事件狀況：請同時掌握多個變數來維持你所要達成的目標，這可能是個因素、多個人、多件事或是上述各一。管理下屬可實施恩威並用，面對感情需疏密有度，一切最好都以尚有變數來應對參酌。另外此事還有其他競爭對手虎視眈眈，你必須拿出最好的表現與最佳的狀況才能獲得勝利。

單身尋覓：你非常渴望找到對象，但在這個時候卻也容易遭到感情騙局，脫單不難，但隨便脫單代價又很大，一直以來你喜歡的對象都是相當相似，例如不理你的、自以為的、兇悍的、自我意識過強的，如果還是照著過去的喜好，再談幾場結果都一樣，因為所託非人，你再好也沒有用。

伴侶戀愛：如同此牌的圖示，你們幾經波折，才有今日的感情，因此你們互相珍惜，雖說你們尚未走到更美好的目的地，但的確走在通往美好過程道路上，變動仍會持續，唯有互相扶持，才能穩穩的度過每一段顛簸。別去羨慕別人感情的平穩，那僅是表面上的展現而已。

事業工作：你有強烈的成功欲，有明確想達成的目標，為了達成你願意犧牲，就算失去什麼你都願意，因此你的成功關鍵在於你捨棄了什麼，捨棄越多成就越大。但請好好衡量，有時捨棄的人事物並不會再回來，評估好後再衝不遲。換工作方面，選擇你認為最快達成目標的賽道為優先。

人格個性：認真努力衝勁十足，有明確目標會拼命達成的人，就像一名戰車駕駛員，他會用盡方法排除他面前的阻礙，乘風破浪的前進，缺點是怕被看不起，迫切想證明自己的人。感情方面對於伴侶的佔有欲很高，會想方設法的掌握對象，無形中會讓其充滿壓力，同時也是沒自信的表現。

機會財運：將出現許多不簡單但成功後會獲得豐厚報酬的機會，這樣的機會在開頭的時候最為困難，將會很難把握，若你能度過前面有點無趣又艱辛的過程，會有很不錯的收穫。博弈投入方面顯示你現在有點太衝動，急就章很容易可能發生大規模的損失，先以儲蓄優先後伺機而動為佳。

爭執誤會：非常劇烈的爭吵，通常是兩人之間太過於極端犀利所導致，雙方都很硬，所以僵持越久感情越淡，最後就算爭贏了也得不償失，不如及時放軟止損，用真誠的心去打動對方，才能稍微緩和局面。維持情緒，待局面穩定之後再嘗試修復關係，需要的一段時間。耐心也是愛的一環。

分手復合：復合非常的困難，兩人已經拉扯的太激烈了，就算放軟對方也暫時不想再看到你，這時所有激進策略都不該使用，只能暫時遠離戰局，用隔空釋出善意的方式，延緩情況惡化，能不變成仇人或陌生人已經非常慶幸。若是還捨不得，先讓自己成為過去曾經承諾過的人，再來討論。

塔羅建議：此牌在感情與事業可謂是兩種不同的解讀，在感情適合踩著剎車緩速前進，盡量不要激化對立與著急，但在事業上象徵勇往直前乘風破浪，有捨有得。共同的意涵是現況其實非常的顛簸與不穩定，作為駕駛的你必須審時度勢，找到最適合自己的道路，然後全力投入，直至成果。

力量8號牌

The Strength

包容差異、自我約束、跨越隔閡

事件狀況：目前遭遇的事件值得挑戰，雖然是新事物且未有過相關經驗，但一定得去嘗試歷練，無論成敗都會對自己的未來有相當大的幫助。或許你會遲疑自己是否能勝任或駕馭，但你不用擔心，此牌也有「跨越隔閡」的意涵，你也有具備這樣的特質，所以此事還是得由你解決。

單身尋覓：遇見學歷、經歷、身高、外貌、體態與自己差異非常大的對象，有異國戀與南北戀，或跨族裔、跨族群的戀情發生，其實這未嘗不是一件好事，正因為不同的成長背景讓你們彼此更加包容與體諒，個性也會因為你們主動協助彼此不足之處而產生互補，趕快談起來，別害怕！

伴侶戀愛：因互補的性格造就你們不錯的伴侶關係，但外界亦或是長輩們對你們有不看好的刻板印象，所以你們要更加互相扶持，一起面對質疑，並破除所有外界的疑慮，雖然感情是兩個人的事，也可以秘密執行，但長遠還是需要取得彼此生活圈的部分認同，請攜手行，共破難關。

事業工作：你正在從事的事業跟你過去差異很大，你捨棄了原本還不錯的職務，轉行大跨界展新職位甚至是創業成為企業主，此時你必須更重視個人進修，學習新穎的賺錢方式是最快也是需要最多及時學習，過程不輕鬆但你沒問題的。工作方面適合換工作、換單位、或是轉而進入新職場。

人格個性：充滿包容性的人格，擅長帶給人力量，激勵鼓舞周邊的同事朋友。有正直、堅強、勇敢的特質，遇到問題不會推卸責任反而會自己承擔。缺點是易遭利用成工具人。在選擇伴侶時請定要找類似性格溫暖包容的對象，不然很容易就會被不好的對象拿捏。適合擔任：社工、心理師、保險員。

機會財運：將出現類公益類的機會，也就是以利他為主利己為輔的事業，另外是需要長期經營的機會，都可以擇一把握，會有不錯的執行動力，後續也會有所成就。博弈投入方面適合正派經營的標的，由於本身實力不錯，狀態絕佳，可以嘗試較高風險的偏好，成功機會不小。

爭執誤會：徹底去了解雙方的差異，用包容解決一切問題。你們其實完全沒有深仇大恨，會出現這樣的狀況其實只是累了而已，只要願意去扶持對方，體諒對方，你們要吵架也很難，雙方或許還有一點情緒，但你在理解情緒以後，給予包容，問題自然而然就煙消雲散了。

分手復合：雙方還有感情存在，連結也相當深，曾愛得刻骨銘心沒有一方會想到這一天。你們之間還有很大的復合可能，因為這就像一首剛進入主旋律的交響樂，怎麼能在這個時候畫下休止符，嘗試去主動聯繫對方，並釋出善意，真誠表示愛意，邀請共同刻畫未來，包容彼此就能復合，別放棄。

塔羅建議：此牌同時有自我約束的意涵，曾經學員占卜感情，在內心底牌出現惡魔牌，另有力量與正義和權杖四，我明確表示他內心有劈腿的心思，但目前感情狀況是這麼的美好，為何還要這樣想，對方說就是太穩定才會，雖然我不想理會這個藉口，但出現此牌，我還是請他要自我約束。

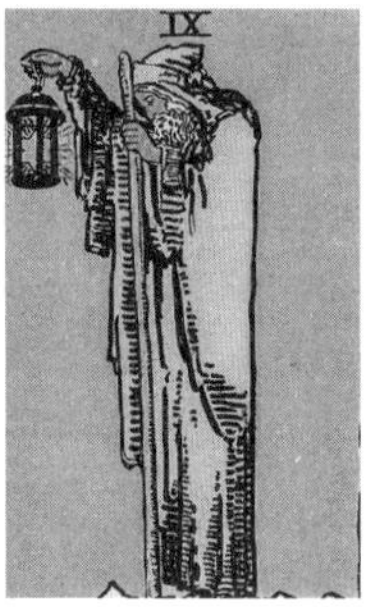

隱者9號牌
The Hermit

獨自鑽研、進修、老練、追求完美、自得其樂

事件狀況：在這條道路上能解決問題的人只有你自己，藉由自己的自學、研究，讓自己不斷的提升，每當你想要尋求外力協助的時候，你都會碰壁，所以不要浪費時間在對外尋找機會，現階段「獨自升級」是最好的模式，用期待未來一舉成名的動力，繼續努力鑽研下去吧。

單身尋覓：脫單可以說是不用去想，因為你還有太多事情要做要學，你的專注力都在特定的項目上：如賺錢、投資、學習等。除非出現與你所追求的目標一致的人，並能夠一起學習一起提升，才有會有機會好好交往，但可遇不可求。若隨意找對象只會延誤你破繭而出的一天。

伴侶戀愛：你們各有各的喜好，各自在各自的世界裏頭，由於過於熟悉並習慣彼此，激情與新鮮感已消退近無，也很容易因疲倦而衍生分開的心思。此時必須重新點燃熱情，嘗試規劃新鮮的旅程與共同探索，增加更多的親密關係，到兩人都未曾踏足的地方旅行，透過全新體驗，會讓妳們更緊密。

事業工作：你對於這份事業已經駕輕就熟，可以開始思考如何才能把你的模式複製並發散出去，另一方面則是你已經到達了這個位置的極限，該開始尋找新舞台了。換工作方面由於你老練的經驗，到處都有人要用你，選一個能讓你安安靜靜進修的職位，是你最好的選擇。當前也是籌備創業的好時機。

人格個性：獨居且遠離塵囂的人，他們往往有較高層次的思想境界與心境，與其交談需得要有所專精才會談得下去，為人性格嚴謹，能讀得下去書，能專注鑽研一件事，是很厲害的學者。缺點是社交能力較差，較難與團隊共事。對於感情也是興致缺缺，因為早已習慣獨自一人的生活。

機會財運：很多不錯的機會等著你，但大多都是團隊合作的機會，跟你的現在的個性並不相符，所以就算去了也很難掌握節奏，不如著手規劃創業方針為上策。博弈投入方面由於你本身就不好這口，而且自己已經有所積累，現在根本不用去冒風險，好好守成維持原本的目標就可以了。

爭執誤會：由於你們的思想差距太大所衍生的爭執，這是非常難以解決的問題，其實你身處情感高位，大可以「降維溝通」，只是你拉不下臉，想爭一口氣，但這樣對妳們的感情不僅毫無幫助，且百害無一利。如果你還愛著對方，那就放下你的身段，主動示好，事情還有和緩的餘地。

分手復合：你們的感情已經消散了，兩人都朝著不同的方向前進，雖然偶而還會回頭，但也只是遠遠眺望而已，你還是趕緊接受自己分手的事實，好好過一個人的生活吧。你會覺得還有復合可能，純粹只是誤會，因為你們就像已經分開花掉的兩張鈔票，未來也很難再有什麼交集了。

塔羅建議：抽到這張牌表示你足夠的聰明，但也足夠的與社會脫節，有時抽到這張牌並不如字面上所述的隱居，反而是走出門去，藉由踏足不同的新境地，讓自己的知識與境界有所提升，也是進修的一種實際表現。沒出過國可以出去走走，也適合進行禪修、冥想、塔羅占卜等精神修行。

命運之輪10號牌
The Wheel of Fortune

轉變、因果循環

事件狀況：事情進入轉折期，結果好壞難料，有相當大的不確定性，現階段還有機會影響結果，趕緊把還沒完善的區塊補完，盡力就好。變動將至，做好承受的準備吧。此時最不需要的就是過度的擔心跟害怕，因為這些都是影響你情緒跟狀態的絆腳石，唯有正面的情緒才能面對問題。

單身尋覓：單身已久的你終於來到了逆轉的時刻！你將會出現一見鍾情的對象，讓你奮不顧身全身投入這段感情，開頭會很熱烈，勇敢的踏出門主動去尋找吧！此時絕對不是在家躺著划手機時的時候，積極勇敢是你脫單的核心指標，能否順利取決於你的施力程度了。

伴侶戀愛：這段感情非常的有緣分，值得珍惜與善待，你們又是差異剖大的個體，能夠成為伴侶也是機緣巧合。你們對彼此充滿了好奇心，感情也是非常契合，有熱情也有純純的愛戀，是令人稱羨的感情關係。如果覺得彼此相處融洽，又很想見到對方，可以慢慢考考慮同居。

事業工作：事業面臨蛻變期，可能是先蹲後跳的局面，所以短期會稍微出現一點困難，讓你一時難以處理，但克服後就會發現自己已經來到一個全新的局面，當然蛻變不是百分之百成功，現在不是放鬆下來的時候，好好衝刺與勇敢去面對改變就會更好。換工作方面很輕鬆可以換到好的。

人格個性：性格坦然，較無遠大願望的人，他們相信很多事情都是命中注定，所以不會硬去追求什麼，但同時也不會隨便就放縱自己，是很中庸的生活態度。「水到渠成」、「船到橋頭自然直」是中心思想。缺點是生活比較沒有趣味跟刺激，優點是面對困難也不會造成自己太大的壓力。

機會財運：通常會問此問題多是比較缺乏運氣跟財運的朋友，所以你們逆轉的時候到了！把握住當前的機會，做出最佳的判斷，勇敢的去承接並努力去完成，就會有別於過往的好成績。如果之前就過得非常的好，那現在反而是該保守的時候。博弈投入方面容易大起大落，可以先不要做。

爭執誤會：這是一個很純粹的小事，只是因為無心的錯誤表現加上錯誤的解讀讓兩人陷入爭吵，不要去嘗試解釋了，現在對方是完全聽不進去的，反而該用表現愛的方式來緩解現況。此時細心與貼心是最溫暖的，別怕沒有效果，只要持續一陣子，這場爭執誤會很快就會被你融化了。

分手復合：你們因命運而結合，也因命運而分離，只能寄託在更遙遠的未來，目前來說分手已經定局，短期難以復合了。此牌同時意涵不想穩定下來的氣氛，所以兩人會逐漸越走越遠，直到在某處再次相遇，才會重新開啟復合的契機，在這之前，你只能讓你自己變好，才有機會更早再會。

塔羅建議：這是張非常特別的牌，也是讓我寫最久的一張，此牌在不同的標題上，會有截然不同且幾乎無規律的出現各種解釋，也有「好壞照輪」的意思，過去即將過去，新的未來即將到來的不同解釋。骨幹的確是離不開「變動」二字，至於是變好變壞，都取決於你先前的所作所為。

正義11號牌
The Justice

制度、和諧平衡

事件狀況：無論此事有多難處理，千萬不要考慮使用灰色地帶或策略來解決，跨越制度其實同時也是失去保護，會讓你的事件越來越難掌控，徒添變數。盡量採取優先正向的思考模式，一切陰險心機套路目前完全行不通。盡量保持事件中所有人的平等相處，有助於你改善當前的狀況。

單身尋覓：目前不容易脫單，因為你有鋼鐵直男／女的明顯思想，在感情中有一套自己認為很正常，他人聽了卻會非常離奇的感情觀，由於這樣僵化的思想已行之有年且已根深蒂固，此時就算出現好的對象你也會因為自己的性格將其排除在外。若真想脫單請趕緊尋找專業單位重新學習。

伴侶戀愛：兩人純純的愛讓關係更為綿延，彼此之間也沒有什麼心機，但也很少談心，雖然衝突不多，但總感覺感情中少了些什麼，對於未來雖然有想望，但同時也有一點不確定性。其實你們之間只是缺少一點熱情與刺激，可以著手安排旅行或特殊體驗行程，對感情會有顯著著升溫效果。

事業工作：事業進入平坦期，暫時不會出現太大的挑戰與困難，此時正是充實自我的好時機，著手進修能夠讓自己的思想與實力同步提升，為下一個關卡蓄積能量。要說缺點的話就是未來發展性較不明朗，所以可以考慮轉換跑道或是在原事業嘗試創造新業務增加收益。目前可以換工作。

人格個性：質樸實在的人，他們沒什麼心機也有點不善於社交，但卻是很值得信任又正直的人。在團隊中屬於「認真負責」的派系，在感情中就是「純愛戰士」，所以遇到好的主管或是好的對象就會過得非常好，若是遇到不好的對象就會成為被利用後「吃乾抹淨」的犧牲品。

機會財運：若有偏門類型機會就盡量去避免，此牌的出現代表絕對正道的意涵，所以光明正大的機會才是對你目前有利的機會，若是有多個類似機會出現，則選擇最單純的會是最適合目前的你。博弈投入方面盡量選擇行業龍頭或知名非黑心企業等標的，所有來路不明或短期熱點都不要碰。

爭執誤會：由於你們太過於直線思考，尚不太會站在對方的立場著想，所以會衍生很多令人難受的誤解。因為這些別於常人的反應會讓人誤以為你們不愛對方，其實僅僅只是不擅於表達而已。其實只要坐下來好好談，並明確表示希望與對方一起前往未來，不用太華麗的言語，也能好和的。

分手復合：由於雙方情商都不是很高，分手時已經把好壞話都給說盡了，所致復合機會非常低，基本上可以視為已經過去的回憶看待。其實這段感情的結束沒有什麼特別重大的原因，而是有人就是想要分手，沒有別的理由，也正因為如此，復合行動跟方向並沒有明顯的可著力之處。

塔羅建議：此牌明示「腳踏實地」、「循序漸進」的意涵，警示我們不要想嘗試走捷徑，提防自己的衝動心理與外界的陰謀詭計。現階段按照規矩辦事是必要之策，一步一腳印的去慢慢完成反而會比想東想西還要來的快速有效。感情占卜中此牌代表穩定與和諧且有未來性，可以相信愛情。

倒吊人12號牌
The Hanged Man

犧牲奉獻、必要的犧牲

事件狀況： 你已經犧牲非常多時間精力在這件事情上，有點吃力不討好，你明明有很不錯的生活，卻在這件事情上勞心勞力，但你必須明白，這件事也是你非常想要完成的事，所以這些犧牲一部分也是為了自己，所以這些過程雖然艱辛，卻是甘之如飴，既然如此，那就不遺於力的去執行吧！

單身尋覓： 目前的你專注力還在某位舊人的身上，就算新對象出現，你也很難轉移視線到其他人身上，你明知這樣會耽誤了自己，但你仍勇往直前，盡你所能的想給他最好的，真愛有時候就是「明知不可為而為之」。但此牌在感情上是非常被動的，就算你心甘情願，也不會有太好的結果。

伴侶戀愛： 你們其中一方的付出很大，讓整座天秤為之傾斜，是一個笑哈哈一個苦哈哈的狀態，雖然一個願打一個願挨，但勢弱者必須想辦法增加自己的吸引力，這樣付出才會更有價值，若仍維持現狀，付出久了就將成為理所當然。如何提升呢？三個層面：運動健身、知識涵養、眼界心境。

事業工作： 這份事業讓你非常疲憊，明明是團隊工作，卻大多由你主要負責，其他人敲敲邊鼓就能獲取同樣利益，實在非常不公平，但也是因為你能力出眾，所以落個能者多勞的境地。換工作方面，你在現在的公司投入太多，有「沉默成本」的影響，但實際上還是趕緊換才是好事。

人格個性：犧牲奉獻的性格，對於自己的生活非常勤儉，對於幫助別人，善待戀人，那幾乎是不遺餘力的，其實是很棒的伴侶，但常常在感情中受挫，因為懂得珍惜的人實在太少了，這樣的認真態度反而可能被利用、被借錢，最後落個人才兩失的境地，在工作中也會被迫做高工作量／時。

機會財運：現階段出現的機會多半是要坑你的，千萬別上當，他們就是抓準了你會很投入的這一點，想讓你當個半冤大頭，此時好好思考並多看書，想辦法提升辨識力才真的。博弈投入方面會有人給你報明牌，你千萬不要上當，就像有間賭場很好贏，有批牛肉很便宜，一樣的意思。

爭執誤會：由於扭曲的感情關係，其實從來沒有平等的對話過，只是一方單方面的承接對方的情緒，無論多沉重都是自己消化解決，一旦出現低位者表現不佳，爭執就將越演越烈。適度的展現你對於感情的重視，並側面剖析你們吵架的原因，並表示你的痛苦，對方若還愛，便不會吵了。

分手復合：目前分不像分的狀態，只要你還願意比過去還要犧牲，那就有可能喚回感情。但該是時候結束這樣傾斜的感情關係了，你的好不是錯，而是用在錯的人身上，千萬不要因為此次感情的失敗就把自己的美好扼殺，對於未來的對象，只要你依然願意如初，仍有一萬倍幸福的可能。

塔羅建議：曾有一位學員占卜自己的工作如何更上一層，算出來的牌都正向，唯有一張倒吊人在最有決定性的最末張，我明確指出對方要達到晉升，唯有自己犧牲心力甚至財力，投入在自己認可的事業或人之上，就能有質的飛越，看看此牌，那人臉上還是開心的，這便是「必要的犧牲」。

死神13號牌
The Death

虛無、死與新生、揮別過去才能擁抱未來

事件狀況：代表一件事情的徹底結束，同時也代表著全新的展開，你所執著的事情已經成為定局，就算再努力投入時間精力都不會再有效果，但另一方面值得慶幸的是，在這個結果到來之時，你將會出現新的方向與目標，那會是更值得你付出一切心力的人事物。跨過這痛苦的關卡，你將重生。

單身尋覓：請你放下你心中那個惦記的人吧，他不會再回來了，他也耽誤自己好久了，唯有徹徹底底地放棄與釋懷，才能讓你恢復脫單的可能，現階的你還不適合談戀愛，待調適好才有機會了，就算隨便找對象在一起，也會是悲慘且痛苦的結局。修身養性，找回自己是你現在最需要的。

伴侶戀愛：你們之間的關係已「回不去了」，現階段的時空背景與情緒水平都不會像從前那樣，你一定很難接受吧，別嘗試去改變什麼了，請往前看，看看你們之後還能做什麼？還有什麼可能性，未來還會不會有更好的發展，朝這三個面向去檢視你的感情，去留答案會非常的明朗清晰。

事業工作：事業面臨重大斷點、輕則調職減薪，重責裁員離職，事業方面輕則入不敷出、重則周轉不靈，都是險象環生的情況。若搭配都是「匱乏牌組」就別想著彌補挽救了，只會白費你的心力越陷越深，現在該做的是「及時止損」並擬定「退場策略」盡力保持部分資產安全才是上策。

人格個性：冷靜果斷，經歷過大風大浪的人，他曾經的驚天遭遇成就了現在的他，泰山崩於前而不改其色最適合形容，可以多向他學習處理大事的應對與心態，有閱歷的他總是優先處理問題而不是優先處理情緒。缺點是太過於理性容易被誤解成冷漠，且很難親近。適合擔任：領導人。

機會財運：所有過去的機會與博弈投入的標的都將中斷，請放棄不要眷戀，新的機會不會再以同樣或類似的形式再度出現，請去闖蕩吧！「勇敢」與「冒險」會成為你通往新契機的最大基石。接收新知識與訊息有助於你對於未來展望的判斷。唯有徹底放棄過去才能擁抱未來。

爭執誤會：淡化並忘卻過去的爭執與誤會吧，展望未來才是真的，不要拘泥於過去或是整天活在自己的輝煌時期，這樣的你會非常的難相處。你需得不計前嫌的跟對方重新經營感情，只要確保未來不會再犯相同的錯誤，並在當下擁抱並體諒彼此，給予對方復原的空間與時間，別想馬上和好。若處置不當，將會埋下分手引線。

分手復合：兩人之間很徹底的結束了，此牌代表著全然的揮別過去，你們的關係也已經僅存於過去，現在已經沒有什麼交集，你單方面的羈絆並無法發揮什麼作用。死與新生也是此牌的核心意涵，唯有你也徹底放下，花個幾年改頭換面，未來仍是有無限的可能性，但現階段是完全沒有。

塔羅建議：抽到此牌其實也不必太絕望，因為其有非常強大的「重置」能量，代表著過往的投入已成過往，不能再拘泥於回憶之中，全新的局面即將展開，有時是結束一段不健康的關係，或是止損一個不好的標的，或是離開一份消耗自己的工作，一旦揮別這些後，新的開始定會比現在好。

節制14號牌
The Temperance

平靜和諧、貴人、淨化

事件狀況：目前事件處於平穩期，由於你先前的耕耘，現在有不錯的穩定性，只要堅持舊有的原則繼續落實，成果將會如滾雪球般越滾越大。若是在此期間遇到困難，多半也不是太難解決的事情，可以詢問該領域的專家或朋友，聽聽他們的見解，會讓你有很好的思考發想，進而解決問題。

單身尋覓：自律且自重的你會吸引到一些對象，但他們可能不如你的標準，因為你的要求也不低，所以要脫單還是要看自己的眼光水準而定。其實單身時更是修練自己內心與體態的好時機，現況不錯的你再單身一陣子也不是壞事，期間多培養好的情緒表達能力，未來交往會相處得更好。

伴侶戀愛：你們的關係非常緊密，彼此之間的互動與交流都十分的順暢，沒有什麼積怨與失望，反而是舒服與體諒，可以考慮往更長期的發展去經營，但一樣要慢慢來，一起向前才行，此時千萬不要一前一後變成追逐狀況，你們最適合攜手同心的並肩前行了。一起奔跑一起休息，是最好的。

事業工作：事業方面穩扎穩打就是好，可以漸漸地累積財富與歷練，不用擔心會有什麼大問題出現，因為你你掌握得非常優秀且全面，是區域行業中的領先梯隊。換工作方面可以朝自己最擅長的領域去做更換，特別注意面試時的面試官，非常有機會出現能看中千里馬的伯樂（貴人）。

人格個性：很重視獨處的時間，也把自己的生活打理的很好的人。他們對人生有著一番超然的見解，所以心境也比常人要高，性格也比較好。他們非常自律，所以身材也比起同齡人還要還要有線條許多。缺點是缺點太少，會讓人覺得很假，但卻又是事實，深入了解他後你會很嚮往她的生活。

機會財運：若是透過好朋友推薦的機會將可以好好把握，這些通常是稀有且不常見的，所以更值得去抓住這樣的機會。博弈投入方面其實你目前雖然不太富足，但卻也還過得去，所以不一定要去拚個輸贏，反而是重新調整自己的財務規劃的好時機，待未來更穩健了再來場豪賭不遲。

爭執誤會：放軟你的態度，不要太強硬，其實兩人之間沒有很大的仇怨，硬扳著張臭臉並無助於解決問題。別去解釋什麼，只要坐下來好好的聊聊天，關係很快就能修復。謹記這次爭執的原因，並加以修正避免再次發生，有時候感情就像除 BUG，越用心修正感情也就會越來越好。

分手復合：有機會，但要想盡辦法營造一個緩和的局面，先讓分手的撕裂傷痕翻頁，嘗試釋出善意並與對方接觸，訊息不在多在於精緻，簡單把愛意傳達就好，別寫讓人難讀下去的小作文。私下尋找共同朋友的協助，讓他幫你加加分，持續就有機會。不要讓太多人知道你們分手的消息。

塔羅建議：因此牌有「單純化」的意涵，所以遇到困難請用最簡單的方式去解決問題，越複雜花招越多反而更容易出現反效果。若是事業遇到瓶頸，則是以「小朋友」的思維來看待問題，很快就能找出癥結並加以解決。有時候問題並不是如想像般複雜，只是當下沒占卜，暫時被制約而已。

惡魔15號牌
The Devil

貪婪、慾望、邪念、控制、情緒勒索

事件狀況：此事的成敗關鍵在於你是否能約束自己，不受短期利益驅使，切勿急於求成，否則終將功虧一簣。會發展至今其實是對於你過去努力的肯定，因為唯有盛開的鮮花才會吸引蜜蜂跟蒼蠅。現在只能靜心觀察，逐步排除不該有的出現，一步步修正直至目標達成。克制是核心心態，慎防小人，誤信將使你空虧一匱。

單身尋覓：不容易脫單，但卻有一夜情的機會，同時也有騙局的成分，所以既危險又刺激，對於真正想談戀愛的人是件壞事。然而對於浪子／女來說也不見得是好事，很可能有享受到卻同時踏入邪惡的圈套，或是以欲望之名行詐騙之實，不可不防。此時若不安份守己，最終吃虧將是自己。

伴侶戀愛：這是一段讓人上癮也同時讓人痛苦的戀情，牌上的枷鎖代表控制更有「情緒勒索」的意涵，現階段是放也放不下，跑也跑不掉的狀態。與其無奈現況，不如更深入交流，透過快速的關係進展，嘗試找出兩人的差異，直至瞭解對方八九成，再來思考是否適合長期發展。若與匱乏牌組齊出則需小心是「糖衣毒藥」。

事業工作：事業進入了低潮期，環境充斥著陷害與嫉妒，人人都在擔憂他人的成功，甚至不擇手段的干預，就像在地獄的油鍋中，人人都想踩在別人身上一樣。此時不如放棄爭鬥另闢蹊徑，尋找適合自己的賽道為佳。換工作方面需要非常小心，許多由工作偽裝的詐騙充斥，怎麼選都選不好。

人格個性： 脾氣暴躁，色慾薰心的人，他什麼都敢做敢犯，對於有利於自己的事會非常維護，對不利於自己的事會非常激動甚至暴力相向。在小惡方面，插隊違停、亂丟垃圾、穿越馬路可謂是家常便飯，若遇到請特別小心並遠離，若是自己抽到則是要好好改變自己修身養性，否則終將自食惡果。

機會財運： 目前出現的機會多半都是騙局，而且充滿了吸引力與誘惑，讓你難以抉擇，此時有算塔羅的人就能超越沒算的人，能及時明白這一切都是光鮮亮麗的欺騙，進而防範於未然。真正好的機會不會在近期出現，反而可能是在你識破騙局的背後，才悄悄然出現的。博弈投入方面同理。

爭執誤會： 不能急，最好的辦法是先讓兩人有一定的空間，盡量的減少惡意的交集，藉由距離放鬆雙方情緒，冷靜後提出邀約前往平靜的地方約會，如氣氛很好的餐館、高空觀景台、一起作 SPA 等舒緩的環境，在這樣的環境下慢慢的把壓抑的情緒和緩的説出來，並同時體諒對方，會逐漸緩和爭吵的。

分手復合： 兩人之間只剩下枷鎖，並沒有什麼實際感情。枷鎖指的是名義上的關係，實則已經朝各玩各的發展，這樣的關係就算再不捨也沒有任何復合的必要，虛假的維持現狀也只是「掩耳盜鈴」而已，不如快刀斬亂麻，當你表現出真正想結束的時候，或許對方才會回頭開始糾纏。

塔羅建議： 此牌明確表示你已經被欲望所支配，過度的放縱使你無法自拔，導致一事無成。整日受慾望驅使的你，活得並不開心，但也無法脫離。現代惡魔的定義又增加許多，如沉迷遊戲、狂刷短影音、盲目捐款換掌聲等，要從此狀態脫離，必須逐步恢復理智，一點一滴地持續，才有機會。

高塔16號牌
The Tower

分裂斷絕、化為烏有、毀滅破壞

事件狀況：目前的狀況非常棘手，無論你做任何處置都可能讓事態越發困難，不如先擱置問題，不要嘗試去解決，過陣子再重新檢視，或許會有新的契機。此牌同時有隱諱的「修補」意涵，在感情上就是該把自己內外打理好，在事業就該把一些專業技能累積起來，以應對當前的困境。

單身尋覓：你自己都殘破不堪，生活就像斷垣殘壁，此時是不會有任何對象出現的，可以不用想了。不如趁現在把自己的身材練好，把生活過好，把家收拾整整齊齊，該剪頭髮該剪指甲都去做，這些都沒有任何的金錢成本又能讓你變好，以前不做，現在該認分好好做了，先打理好自己在說。

伴侶戀愛：你們的深層價值觀非常衝突，這段關係就算投入再大心力經營，都很難好好運行。兩人本來就很不適合，若沒有「互相遷就的心」，那不如分開會比較好。若是仍想嘗試努力這段感情，則是藉由擬定長期精進計畫，使自己蛻變成讓對方崇拜的人，這樣不但可以自我提升，又能照顧對方，關係也得以穩定經營。

事業工作：事業逐漸出現經營危機，由許多外力與小問題衍生而成，因多數都不是你所能掌控的，所以你也很無奈。當前情況就把該做的做完，不要讓人挑到毛病，也不要去主動招攬工作，明哲保身為先。有被裁員危機。換工作方面建議暫緩，現在怎麼找都很糟糕，檢視存款，準備面對衝擊。

人格個性：異常自大的人，常常信口開河，吹牛不打草稿，為人表現出一副兇惡的面具，內在則脆弱不堪，稍微一點刺激就能讓其爆發，非常不好相處，更別說交往了。犯錯也不知悔改，經常進出監所的屢犯容易抽到這張牌，優點方面就是有一種「無所謂」的態度很吸引對象，但同時也是缺點。

機會財運：現階段無論任何機會不分好壞，只要做了就會搞砸，若有好的機會出現就先別著急，待過陣子再去爭取會比較好。最好應對方式是「不動躺平」，過陣子沒抽到此牌就不會再這麼慘了。博弈投入方面最好都不要碰，有血本無歸的危險。此牌次要意涵有「拘留入監」的可能。

爭執誤會：此爭吵若處置不當，很可能演變為分手。目前並沒有什麼實際的辦法化解，只能盡量避免激發矛盾，甚至隔離雙方，才能稍緩關係惡化。若透過文字訊息是更容易增添怒火與誤解，不如找兩人都熟識的朋友逕行調和，目的不是要原諒，而只要緩和就好，後續才能以待時變。

分手復合：復合機會微乎其微，在分手牌組中權重大於死神與各寶劍系列，直接不把復合當選項是目前最好的選項，你會不想放棄，主要是兩人還有很多尚未完成的事情，那些約定的場景歷歷在目，讓你難以忘懷。在我執業占卜中，出現高塔牌並搭配負面牌組，目前尚無不分手的經驗。

塔羅建議：此牌意涵著「已經破裂」的現實，雖然我們總是想試圖挽救現況，但效果仍是杯水車薪。在感情占卜中抽到這張牌，基本代表兩人關係已然破裂，搭配明確正向牌組同時出現，可以罕見的解讀為破壞後得到重新理解，若是出現在最後一張牌，就算其他牌再樂觀也是會很辛苦。

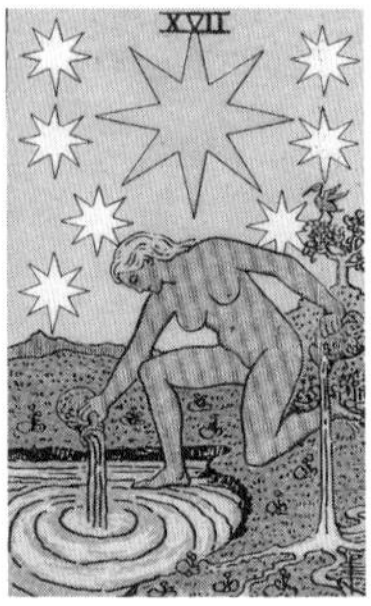

星星17號牌
The Star

希望、平靜、美麗的想望、細心

事件狀況：其實你對於此事的掌握並不全面，很多部分都是想像而來，雖然有一點憑據，但事實基礎卻相對薄弱，以致於你會對於事件有錯誤判斷或恐懼發生，很多擔心都是想像出來的，但根本的原因正是因為對事件的不瞭解，放下那些想像的區塊，好好的去做看得到的事情就好。

單身尋覓：有機會出現如星光般點綴而過的對象，若要追上他，則務必把握機會，提高行動力與積極動作，就有機會脫單。什麼是點綴而過的對象呢？如搭乘同班列車、演唱會、走廊上擦肩而過、出去玩的一面之緣等。如果擔心害怕畏首畏尾，不敢行動，最後仍是繼續單身的結局。

伴侶戀愛：這是一段真摯的愛情，兩人有共同的美麗願景，也願意互相付出並一起完成對方的目標。僅在熱情方面需要多加強，總體來說是很棒的。有時候不同的打扮與熱烈的語言是感情的催化劑，偶爾可以浪漫一下，吃個燭光晚餐，不經意的小驚喜之類，讓小確幸如繁星點點，能讓你們走得更長遠。

事業工作：事業還在初中期，但你已經有明確的目標，也同時制定好步驟準備一一達成，現階段絕對要集中心力的去落實，不要在乎周遭的干擾與雜音，持續投入，直至成功。換工作方面你有非常多的選擇機會，但請你依照你心中想完成的核心目標去做選擇，找出最適合自己的工作。

人格個性： 愛好自由，非常樂觀的人，他們就像天上閃耀的星星，在團隊中是那麼的耀眼奪目，與其相處也是如沐春風，很能讓人信任。缺點是有點感情用事，容易受他人的負面情緒影響，在自由受限後表現會大不如前，被誤會會非常痛苦，嚴重甚至精神萎靡，內耗難以自癒。

機會財運： 現在好機會如大雪紛飛，但和你目標相符的機會就那幾個，好好選擇，並把握機會，你將在最適合的道路上，再上一層樓。博弈投入方面以長期投資為主，切勿追求短期利益。雖然目標很遠，但唯有現在逐步的實踐，才會有到達終點的一天，能達成別人所不能達成，才能有別人所沒有的成果。

爭執誤會： 用最真誠的心態來面對問題，哪怕是發現自己有一丁點錯，都要勇於承認，對方也不會再繼續追打，反而會因為你的正面態度，給予你一定層度的諒解，雖然說不會馬上就結束吵架的賭氣，但會因為心軟對方而逐漸的放下一切不必要的堅持，你們還是會重修舊好的。

分手復合： 以柔軟的情緒與堅定的共同目標為復合核心，將有高機會復合，你們本來就沒什麼深仇大恨，彼此契合的時間遠大於爭執的時間，只不過這次兩人都太急於解釋，導致彼此暫時失去互信基礎，進而衍生分手。能夠放下面子，以愛之名重新出發，其實對兩人都會是一件更好的事。

塔羅建議： 此牌要分清「目標」、「不切實際的幻想」的差別，若多搭配負面牌組，便較偏向於後者，反之亦然。當此牌出現在最末張，那將會代表無論情況多惡劣，都還有一線曙光。最後是最神秘的學問，該如何才能抓住那如星光般微小的生機呢？答案是足夠細心，找出問題的核心就行。

月亮18號牌
The Moon

憂慮與孤寂、未知的恐懼

事件狀況：事件展望模糊不清，你甚至不知道該怎麼做，現在不是下決定的時候，而是該好好檢視到底是哪個區塊出了問題或是不夠清晰，你只能摸索、探查，直至你有七八分以上把握後，再去決定。你會擔心是正常的，因為你摸不著也看不見，人對於未知的恐懼是最顯著的。有足夠把握再去改變。

單身尋覓：不要因為寂寞而輕易把自己的心交出去，目前出現的對象多數是糖衣毒藥般的騙局，不是海王／后就是詐騙居多，就算真的有好的對象，依照你的現況也會把他搞砸，畢竟你也才剛從一段深刻悲傷的感情中走出來，也可能只走到一半，所以要找到對象還是必須先「修復自己」。

伴侶戀愛：感情進入「匱乏期」，雙方都有所猜疑，且對於感情的未來性感到模糊，這是一個非常沉重的時期，一個不小心就會演變為分離。現階段不要去嘗試解釋什麼，或是說些什麼，因為雙方的信任基礎非常薄弱，只能小心翼翼的從內心去呵護照顧對方，好的事情一切照舊，得過陣子才能緩解。

事業工作：事業進入漸冰期，原本做得很好的項目逐漸變得窒礙，業績也大不如前，此時不要先懷疑自己，首先要判斷是否為大環境變化的因素所致，若是那便要調整讓自己的步調跟上現實，若非，就要即刻檢視自己的情緒能量是否偏向負面，抓緊時間改善。目前沒有換工作的底氣。一定很消沉吧，撐過月落才有日昇。

人格個性：生性多疑，很難相信人的人。對於新知或是新人都一律朝壞的方向去想，在他眼中好人少之又好，壞人到處都是，與其非常難相處，不僅話少眼神冷，一個面無表情就能讓你退避三舍。優點是非常難被騙，是連詐騙集團都會被他搞崩潰心態的異人。極端者更可能有反社會人格。

機會財運：近期出現的機會很可能是「詐騙」或有「部分欺瞞」的成分，最好是先不要相信跟投入，多觀察多試探，待過陣子思緒清晰後，再去接觸也不遲。博弈投入方面最好都先停止，現在是做什麼賠什麼的時候，千萬要忍住。不要因為害怕失去（踏空）、（對象被追走）就莽撞行事。

爭執誤會：將進入冰點的冷戰期，對方基本已經關閉對話管道，你們的接觸也僅限於必要性接觸，現階段你做什麼都不對，不如讓彼此靜靜，回憶過去的美好。學員反饋提供的必殺技是微笑看著對方，直至對方問你為什麼要看他，你就開始笑，然後說想起以前如何如何，接著一個擁抱破冰。

分手復合：兩人就像破碎的鏡子般，再也無法完好如初，強行復合只會讓彼此更加疏遠，進而變成陌生人，若要催化復合的契機，只能暫時消失在對方的世界，藉由共同的朋友善意傳遞消息，並觀察他的反應，若仍無明確好奇你的消息則為失敗，若有則可以嘗試藉由朋友發出共同邀約。

塔羅建議：我們恐懼是源自於我們的不熟悉，也會因為害怕而做錯決定，此牌明確表明我們即將受到外力干擾進而失去對事情的判斷，此時能做的只有暫時擱置決策，重新思考問題的本質，千萬不要因為時間緊迫或是緊張擔心，讓自己心急如焚。若倉促做下決定，將非常可能產生讓人遺憾後悔的結局。

太陽19號牌
The Sun

溫暖、活躍、滋潤、持續力、事勿作盡

事件狀況：目前一切都照原定計畫發展著，而且有越來越好的趨勢，但有一個重點就是切勿「求好心切」，過度想去修改原先做好的決定，反而可能招致反效果。此牌亦能照亮也亦能灼傷，所以事勿作盡，保留餘地也是此牌的信號之一。如果事件輪廓已照希望發展，就別再強加干涉了。

單身尋覓：即將出現你理想的對象，且各方面都能符合你的條件，甚至超乎預期，至於能否把握住這個人，就得看你的修為了。此牌代表著揮別沒自信的過去，迎向美好的未來，所以「自信」與「勇氣」是你必備的兩項重點，缺一不可。千萬別因猶豫而錯過了，恐成為你人生最大遺憾。

伴侶戀愛：你們的關係猶如冬季的太陽般溫暖，兩人如膠似漆，恨不得天天黏在一起，可以考慮同居或更長遠的交往關係。現在是你們的熱戀期，也是能為這段感情保存美好記憶的「存摺期」，一起去體驗並享受新事物吧，這些都將會是永遠存在你們心中的資產，也是長期交往的存款。

事業工作：目前你的事業前途一片光明，同時也表示你在此前花費了不少時間精力，在這人生的一座山峰上，請記得善待曾經協助過你的人，成功時更要做好人際關係，知足惜福才能綿延不斷。換工作方面可以尋找自己熱愛的工作，而不是選擇錢多的工作。很多企業搶著要優秀的你。

人格個性：熱情樂觀，很會照顧人的人，在團隊中是貼心的存在，他們願意主動關懷並給予幫助，有著一顆正向思維的心，要其參與不法壞事是斷然不可能，且很有自信，也能吸引到許多的人的喜歡。要説缺點就是太難共情，無論什麼壞事他都能理性看待，過於正面思考，常讓人誤會。

機會財運：目前出現一個大家都知道卻很少人去做的好機會，最好你一人獨力承擔就好，不要告訴別人也不要沾沾自喜，默默的去把握，直到有階段性成果在攤在陽光底下不遲。此機會定是走光明正大之道，若不是則不會是好的機會。博亦投資方面亦然。

爭執誤會：你們感情雖然不錯，但吵起架來好像七世仇人，六親不認，其實根本不是什麼大問題，卻言語如刀劍，更可能有些肢體暴力接觸，該是好好改善的時候了，這段感情能走到這裡也不容易，千萬別壞在這些盲目的爭執之下，「甜言蜜語」勝過唇槍舌劍，一哄天下無難事，趕快去哄吧。

分手復合：你們感情不是簡簡單單就能分開的，只要你願意著手去營造復合的橋樑，對方也會想重歸於好，這個過程必須謹慎隆重，帶點「儀式感」，以彰顯你對他的熱愛為主旨辦理，例如星空下布滿鮮花的後車廂、璀璨煙火等，可望在氣氛好的時機復合。做的像暖陽般的情人吧。

塔羅建議：此牌雖然在字面上大多是正向意涵、但同時也蘊藏一份警醒之意，提醒你在熱戀時，得意時、成功時切勿驕傲自滿，就如同陽光一般，充足則健康豐盈，過度則傷體害身。事業中則意涵「如日中天」，該是準備轉攻為守的時刻了，要知道創業易、守業難，現在才是真正的開始。

審判20號牌
The Judgment

復活、覺醒、關鍵時刻

事件狀況：事件進入關鍵時刻，最終的答案即將到來，是好是壞其實你已把握七八成，只要後續不出什麼致命缺失，基本上已經勝券在握。雖然有信心是好事，但仍需小心周遭人員的變數，如一夕翻臉、一夜捲款潛逃等，須作優先堤防，目前以越保險保守的方式進入結果是為上上策。

單身尋覓：將會遇見一個你原不可能交往的對象，可能他不是你原來中意的類型，或是他從未是你的打算，或是很久的朋友突然變成對象等，要是你可以接受，那脫單的機會就大幅提升。由於是從不可能變成可能，所以很多事情你必須要重新學習，少要面子、多厚臉皮，就可以完成。

伴侶戀愛：感情來到了一個不進則退的局面，若你有心經營，那現在就是你的絕佳時機，若是沒有長遠打算的交往，那便是到了頂點，將開始走下坡。無論你開不開得了口，當前最重要的就是給予其一個清晰可見的未來，明確的承諾是不可或缺，甚至求婚都可以開始著手規劃，把握良機，機不可失。

事業工作：事業進入了跳躍期，不斷的新挑戰接踵而來，你有點難以招架，一旦你懈怠或遲疑，當下的快速增長期就會進入停滯，難以再次重回上升軌道。必須拿出所有的精力去保持幹勁，持續突破到不能突破為止，將收穫滿滿。換工作方面現在需要以未來性為考量，尋找最適合的工作。

人格個性：瀟灑果斷，有崇高理想的人。他們很願意為了自己的目標去奮鬥打拼，而且也很喜歡宣揚自己的理念並尋找志同道合的夥伴一同參與，在團隊中是受人推崇的領導者。缺點是太過於積極，若是個性比較慵懶的人成為他的伴侶或同仁，會使其非常辛苦且壓力很大，甚自棄他而去。

機會財運：可能是影響人生數年的機會將會出現，但你能把握的住嗎？這一定不會是一件簡單的事，更不是短期就能完成的，你做好準備了嗎？現在的你可以勝任嗎？假設都可以，你就全力以赴吧！博弈投入方面將出現重大機會，請好好思考風險，研擬出最佳出手時機，有望成功。

爭執誤會：不要吹毛求疵的去找對方的語病或舊帳，其實吵架是尋找共識的過程，而不是較量輸贏的比賽。別忘了你們還有很多未來要走，現在不是停下來互相拉扯的時候。先去體諒對方的心情，再藉由友善的互動，使其感受到你對他真誠的愛意，用不了太久的時間，情況就會和緩下來，再好好處理後續就可以了。

分手復合：目前是復合最佳的時機，立即釋出善意，嘗試約出來見面，只要都還能相見，就有很大的機會成功。這是具時效性的，所以是機不可失，時不再來。其實你們的感情很深，會分開也是一時衝動，雙方又都拉不下臉示好，現在只欠一個人先主動出手挽回，記得戰線拉越長成功機率越低。

塔羅建議：此牌彰顯當前的重要性，也提醒你不要因為壓力或時間倉促隨意做決定，而必須用最實際且有把握的方式去做決策，方能有更好的成功。在感情中抽到此牌表示目前處於「關鍵期」，要趕緊把握時機去升溫關係才不會不進則退。工作牌抽到亦然，在這重要時刻定要拚盡全力。

世界21號牌
The World

新境界、新視野、新挑戰

事件狀況：坊間占卜抽到此牌都是天花亂墜的吹好，但其實只能代表目前狀況不錯，未來充滿新事物而已，而不是一張萬能的牌。其實世界牌也有它的極限，他只能給你一段嶄新的生活，卻無法改變你過去已失敗錯誤，就像事件目前的狀況一樣，是一張向前看的牌，別懊悔過去的不足。

單身尋覓：即將出現一個你的真命天子／女，他將引領你進入一段嶄新的生活，甚至於有異國戀情的發生可能。即將可能顛覆的生活可能會讓你卻步，你也不一定有做好準備，所以會有好對象降臨卻也同時脫單不易。要不後悔就是大膽地去接納這個變化，並從中得到自己想要的生活。

伴侶戀愛：你們的關係超凡，別於普羅大眾許多，所以更顯得獨特，也是你人生初次有這樣的感受。雙方都可能是對方此生遇到最契合的對象，有時無須多言，一個眼神你們就能互相明白，一個動作你們就能協同完成。可著手步入更長遠的關係，距離結婚只差一個小小的求婚儀式而已。

事業工作：事業邁入「破繭期」規模上升到一個新的高度，很多舊有思想都必須拋棄與改變，才能追上現況，千萬別做一個老古板與此牌逆行。這個跳躍就像工作室昇格為公司企業一樣，都是管理事業，但內容卻是大不相同。換工作方面你想換什麼就都能換到，盡情去換一個能發揮的職位吧。

人格個性：擁有新思維且異常聰明的人，他們總是能用你意想不到的方式去解決很困難的問題。在團隊中屬於開創者，他們專門處理團隊遭遇的新型態問題，由於自身可塑性與學習能力好，所以沒過多久這些困難就會被其克服。缺點是會讓人覺得太厲害，凡人與其相處總顯得格格不入。

機會財運：一個嶄新的機會來臨，這是你從未接觸過的內容，是革命性的機會，你就算很想要把握，也需要一個完全開放的學習心才行，但凡是你現在還無法全心投入或無法歸零學習，那最好直接放棄以免徒勞無功。博弈投入方面出現了一個很新的好投資項目，但若你不理解也很難獲益。

爭執誤會：你們的關係是追逐者與帶領者的關係，吵架無非就是「趕不上」對方節奏或是嫌棄對方「跟不上」自己這兩個層面，其實可以稍做修正，偶爾你在前開路，偶爾她在前引領，互有領先反而是長期相處的最佳模式，而不是一個衝到外太空一個還在地上跑。平衡雙方的感情地位就能化解爭執。

分手復合：只要雙方都能認清彼此的缺點並加以接納，復合並不困難。難就難在雙方已經失去聯繫管道，貿然接洽恐生反感，現在能做的事就是請一位有智慧的共同朋友協助牽線，並善意傳話，搭起一座暫時的橋樑，並讓雙方互相承認自己的錯誤，引導至互相體諒的方向就沒有大問題了。

塔羅建議：這其實是一張充滿未知的牌，因為整個新世界都代表著需要重新探索與學習。如同「交往」與「婚姻」，雖都是感情，卻又是兩件不同的事。抽到此牌當然是令人高興的，畢竟很少人能抽得到，因為無論是感情還是事業，真正在實質意義上成功的人實在是不多見。保持好奇心，邊摸索邊學習，世界將為你展開。

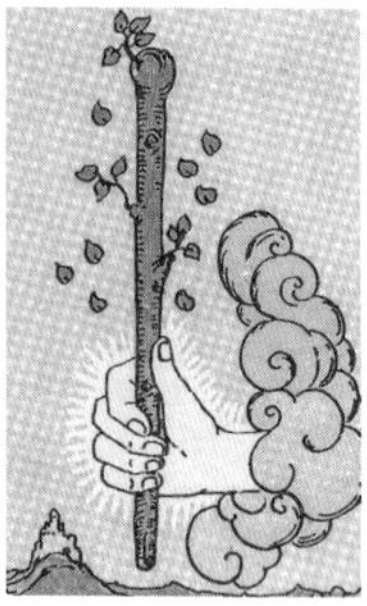

權杖一

Ace of Wands

前往從未踏足的領域、突破天際、嶄新旅程

事件狀況：事件來到一個嶄新的情況，如果遭遇什麼你從未踏足過的事請你勇敢去嘗試，會帶給你煥然一新的人生，雖然過程需要摸索，也可能會因為一些阻礙讓你感到疲憊，不過一切都非常值得，只要你肯去相信，美好的事物就藏在其中。這是一段獨自提升的路，你只能自己跨越突破。

單身尋覓：將會有很特別的對象出現，但你們之間的差異實在太大，其實不一定能夠成為伴侶。目前最保守的方式是先結交為朋友，再藉由深入的了解與觀察來決定後續的交往計畫。熟識後相約一起旅遊、看展、體驗、手做 DIY 等新嘗試，在更了解彼此的觀念與心態後，機會自然就來。

伴侶戀愛：雖然偶爾有一些摩擦，但彼此的感情還不錯，如果沒有一起出國過可以嘗試，是很特別的共同體驗，有增進感情的奇效。你們都是彼此遇過較為特別或不一樣的人，好好珍惜這樣的遇見，一起去嘗試更多新的人事物吧！共同的新感受是你們感情升溫與化解糾紛的最佳途徑。

事業工作：你正開展全新事業工作，目前雖都還在摸索當中，所能掌握的實不到三成，但已經開始執行完整的工作內容。此時別慌，讓自己最快適應跟上手的方式就是做中學，一邊研究一邊落實，很快地就能上軌道，獲得階段性成果。換工作方面，從沒做過卻有濃厚興趣的方向來著手。

人格個性：喜愛嘗鮮，體會新事物的人，新的口味、新的科技等特別能吸引他們的注意，學習能力佳也很能舉一反三，一件新事物從陌生到上手，他們總是能學得比一般人還要快好幾倍，其實主因是他們那開放創新的心態，讓他們能如此的擁抱新知。缺點是為了嘗新忘了時間與自身安危。

機會財運：全新的機會降臨，由於未曾接觸，可能會讓你有所卻步，恐懼的主因來至於不瞭解，所以現在要做的不是趕緊上車而是去學習新知，唯有透過深刻的研究才能確就機會是否是適合自己。博弈投入方面可以少量嘗試新上市產品，記得深入研究並衡量風險再做投入較能安心入睡。

爭執誤會：宜速和解不宜長，趕緊使用過往你常用的（但不一樣的呈現）方式，緩和雙方的衝突，先將局面穩定下來，不用爭什麼輸贏，畢竟兩人是要長遠在一起的，帶對方去一些沒有去過的地方看看吧，如景觀餐廳、夜景酒吧、高山夜景台等都是讓你們好好把專注力放在彼此身上的地方。別想省錢快去！

分手復合：兩人之間還有感情，只是因一些因素暫時分開，請保持聯繫，過往的相處模式已然跟不上現在，請用拋棄一切過往，不再回顧的方式，朝嶄新的愛戀來發展，會有近半機會復合。近期的言語都「不要談到過去」的任何事情，反而是以「兩人未來為導向」的聊天話題較具吸引力。

塔羅建議：實例是本人抽到權杖一，前往一個從未踏足之處，與象徵戀愛的「聖杯二」與「權杖四」，因而踏入了直播圈開始線上占卜，也經由努力不懈的持續，獲得了豐富的知名度與當時的好對象，也是人生少數順著牌走的好案例，所以抽到此牌，請勇敢探索揮灑精力在嶄新的領域事物上吧！

權杖二
Two of Wands

猶豫不決、做睿智的選擇、優柔寡斷

事件狀況：目前你正處於一個兩難的境地，一時不知道該如何選擇方向，此時千萬不要想著「二者兼得」也別想「以拖待變」，最後可能落得一無所有的境地。目前最重要的就是蒐集充足的資訊並迅速做下決定才能穩定當前的狀況，若遲遲難以抉擇，選項將出現變化讓你無所適從。

單身尋覓：目前有多個對象在你的選擇當中，但你遲遲未做選擇，機會正在流失當中，其實你心底早有中意的人選，但最後可能會因為你的勇氣不足或行動力不足而不了了之。所以脫單的機會綜合來說是偏低的。別害怕做決定，有一種後悔最難受，那便是連嘗試都沒有過就直接錯過。

伴侶戀愛：有輕微的分手危機，你有不少的劣勢是對方心中所芥蒂的，此時對方看著身邊朋友／閨密的伴侶都會拿來做比較，其實比較對象是很不成熟的表現，因為大家都只把最美好的部分展現出來，實際上往往都可能與展示的差異甚大，沒辦法，你的伴侶還不夠成熟，你會很辛苦的。

事業工作：事業的方向進入新的抉擇，無論是擴大還是深化，精簡或提升開支，或國內外都是你在斟酌的要點，請仔細的去評估，把兩個方向的優缺點都統計出來做對比，再把每一項的缺點列出並設置比重，很快就能找出決策的方向！換工作方面，三心二意會讓你吃虧，把握機會才是上策。

人格個性：優柔寡斷，有選擇困難症，總想著各種好處都要，各種缺點都不要的心態。沒有正確選擇的觀念，這樣的人在社會上非常容易被人花言巧語所蒙蔽，也容易被情感騙局所欺。請這樣的人記得「魚與熊掌不可兼得」，別把自己的幻想套用在現實上，世界沒想得這麼簡單。非常容易被偽裝與畫餅所支配。

機會財運：機會擺在眼前你只會躊躇猶豫，擔心、害怕、拖延總是讓最該做的「選擇」不斷遭到延宕，要改掉你的拖延症才有辦法重新定位你的人生。此時不用說什麼博弈投入，光自己無法為自己的決定負責就什麼都不適合做了。「猶猶豫豫必失大利」、「拖拖拉拉必然後悔」。

爭執誤會：當你還沒想出辦法去安慰對方時，可能已經有人在幫你安慰了，你失去了化解爭執的最佳黃金時間，只能任由對方周遭那些虎視眈眈的人介入你們的感情中。既然已失先機，此時必須快速讓自己改頭換面，用半新的樣貌跟態度與其相處，盡快獲得原諒，才不會讓感情白白走散。

分手復合：成功機率剖低，對方可能已經有屬意的新對象，所以現在做什麼都像無意義的掙扎，在對方眼中，新的對象是完全輾壓你的存在，可以說是幾乎代替你的所有方方面面。放棄吧，唯有你變得嶄新不一樣，獲得更好的成就，才有機會逆轉，但屆時，你也不再是現在的你了。

塔羅建議：事不宜遲早做決定是面對權杖二的最佳解方。此牌與正向排組同時出現就是睿智的選擇;反之若與負面牌組一起出現就是過度猶豫，是容易混淆解讀的牌。曾有學員占卜感情復合，出現權杖二與寶劍三和寶劍七，我直接告訴他一切都太遲了，他的心門已經鎖上，無復合之可能。

權杖三
Three of Wands

規劃、摒除雜音、遠見、風險評估

事件狀況：事情發展雖然依照你的方向在推進，但距離成功還有一大段距離，此時不能只想著未來的結果，而是該明白要達到成果，必須要有現在所進行的一切過程，從最好的角度來判斷，切入問題的核心，少慮那些離終點太遠的旁事，穩穩地一步步去完整現在該完成的事，就能到達目的地。

單身尋覓：對象距離你還有段距離，自己目前是過得不錯，所以並不是很想破壞掉現在的穩定生活。你想找的其實只是一個情緒穩定的伴，也希望對方能與自己的目標相同並攜手前行，所以你在尋覓對象時非常謹慎，在嚴格的標準下找對象固然不是壞事，只是會比較辛苦時間也會拉得比較長。

伴侶戀愛：雖然交往有一陣子了，但你們對於雙方的深刻了解還有一段距離，要進展為成長期關係還有很多路要走，你們都是相對不袒露心思的人，所以雙方只能在猜想中構建感情，一不小心就會弄錯方向，所以兩人必須多提升對於共同未來的交流，藉由一起描繪夢想，最終一起實踐。

事業工作：雖然你已經在當前的事業中有所成就，未來也很有願景，但目前還須持續的努力才有機會繼續突破現狀，好還要更好，記得永遠不要提早鬆懈，持續學習。更換工作方面可以積極進行，現在有很多長遠機會的工作出現在你面前，可以選一條有遠景的道路重新開啟你的職涯。

人格個性：高瞻遠矚，有清晰目標卻也同時容易想太遠的人，他們會為自己描繪一個完整的未來，然後逐步的去實現，跟著他一起生活，會覺得人生很有目標，他也能協助你規劃屬於你們的未來。缺點是有點撈叨，會很在意你會不會跟上進度，想方設法的在協助你成長，會讓人感到壓力。

機會財運：目前以觀望為主，雖然有幾個不錯的機會，但距離現在的你還太遙遠，不是你所能掌握的。先充實目前已知自己的不足之處，等待真正的機會來臨，才不會措手不及。博弈投入方面以長期標的為佳，不要追求眼前短暫利益，放眼長期增長性是最優選，但仍需要一段時間醞釀。

爭執誤會：由於對方眼界與你的眼界落差太大，會造成一個不處理眼前問題一個不考慮未來問題的局面，這兩個都是不健康的感情關係，但說真的有遠見的人本來就會較少關注當下，反之亦然。請以雙方觀點融合重新建立相處關係，雖然有目標也要照顧當下，因為當下要好，未來才會好。

分手復合：兩個人已經沒有見面，感情也如風中殘燭，難以為繼。目前並沒有什麼顯著的方法可以讓兩人復合，唯有嘗試先做回普通朋友，恢復見面可能，透過長期經營，在此期間了解雙方價值觀的差異，以朋友的身分理解對方並加以調和，簡單說就是用朋友關係重新磨合，才有機會。

塔羅建議：現在與未來同樣重要。曾有學員占卜分手，女方在交往前就說未來想買房兩人居住，學員答應了，交往期間拚盡一切在籌資買房，最終房屋簽約，女方卻提出分手。占卜得出聖杯四、權杖三、高塔牌，解析由於當初的諾言，學員努力之餘忘記照顧女方當下情緒，最終破裂收場。

權杖四
Four of Wands

穩健、摯愛、平等的愛

事件狀況：即將完成階段性的成果，可以好好準備犒賞犒賞自己，你值得擁有最棒的！記得一定要撥出一筆錢並空出一段時間來慶祝，否則你的潛意識會無法獲得正向獎勵，導致對於未來的成功會顯得興致缺缺，後繼無力。替己買個包換個手機，安排一場旅行，吃一頓想很久的美食都是很好的方案。

單身尋覓：當前不容易出現什麼新對象，但可以從你已經認識很久的人群中去搜尋，有些幾年沒聯絡的朋友突然連絡上了，那機會就很容易其中。不要放過同學會或老同事聚會，裏頭會有你意想不到的對象存在。這是一張行動走出門才有機會的牌，在家睡覺是不會出現任何對象的。

伴侶戀愛：經過一段時間的磨合，終於找出了彼此適合的相處模式，現在是一段令人稱羡的愛情，繼續創造屬於你們的幸福愛戀吧！記得持續分享心情與交流，讓周遭的氛圍也一起融入，可以朝長期關係甚至婚姻關係發展。此時千萬不要恃寵而驕，因為此牌代表是平等互愛的，沒有一方要遷就對方。

事業工作：事業正處於發展期，有很不錯的收益與成就，你也樂在其中，帶領大家一起賺錢的心境很棒吧！好好擴大這個時機，因為現況不是每年都有的，趁現在先累積起來已備未來不時之需吧。更換工作方面建議不用換，其實現在的工作就最適合你，你只是無病呻吟，並非真的想換。

人格個性：個性隨和溫暖，與其相處能很快走近的人，富親切感，願意相信人，也願意支持人，但這樣的人必須慎選交友圈與對象，能與同樣善良的人一同創造很好的友誼與愛情。若遇到壞男／女人則可能讓自己的生活支離破碎，難以自癒。適合擔任：護理師、社工、流浪動物照護員。

機會財運：出現親近之人給的機會，可以好好把握，畢竟這位也是你非常可以信任的人，這個機會雖然不能讓你大富大貴，但不失為當前做為一個很好的跳板，可以嘗試。博弈投入方面，不必去冒太大的風險，優先尋找穩健的標的：如高股息、債券等。刮刮卡與彩券此時完全不宜。

爭執誤會：請設身處地並代位思考來面對你們之間的問題，其實你們的狀況並不嚴重，但就是因無法去好好的坐下來談，還有太多的誤會累積導致信任關係失衡所致，此時著急無用，首要是以平等理性為出發，不要想著壓制或操控局面，放下身段以兩人的未來為和解基礎，定能解決。

分手復合：兩人之間仍有深刻的羈絆，由於過往美好感情的累積，你們還有不低的機會復合，不要去公開目前的感情狀況，也不要找朋友圈訴苦，感情是你們兩個人的事，若有第三人介入，分手機率將驟然提升。放下固執，互相理解並包容對方是最佳的處理方式，切記！你們不是仇人。

塔羅建議：此牌代表著四平八穩，有安定的力量，只要搭配無負面牌組，基本上都能有很好的階段性成果。曾有學員占卜求婚是否成功，出現權杖一、星星牌、權杖四，由於牌義清晰，我請他選一個兩人從沒有去過卻提到過的地方求婚，後來學員選擇在一個手作甜點店，包場求婚成功。

權杖五
Five of Wands

爭執、競爭、紛爭、混亂、干擾

事件狀況： 事情開始進入複雜化，訊息已經混亂不堪，目前暫時無法破除這個陰霾，由於變數太多的關係，要釐清問題的本質非常困難，只能從已知的小問題開始著手改善，很可能處理不完，因為才解決一件又增三件，但只能硬著頭皮慢慢處理，終究會出現新進展的，請堅持下去！

單身尋覓： 太多外力及因素阻止你脫離單身，基本上很難找到對象，就算有新對象出現，也有萬千理由與他人來干擾你，你總是一直有很多勞心勞力的事等妳處理，加上交友圈的匱乏，周遭並沒有足夠智慧的朋友能引導你，導致你只能孤獨的面對感情中的一切，久而久之就變成感情絕緣體。

伴侶戀愛： 感情出現裂痕，雙方隨意都能舉出好幾個對方的不是，兩人的關係非常脆弱，甚至有一方經常性的關閉對話管道，導致很多問題都無法得到及時妥善的解決。再加上對方有很多雜音，在他身邊加油添醋，不斷灌輸「下一個會更好」、「別人的對象才是模範」等，使關係不斷惡化。

事業工作： 目前事業上有太多所謂前輩或同事在教你做事，有說往東的也有說往西的，資訊凌亂讓你無所適從，整天都在懷疑自己是否在正確的道路之上。此時不如全部都不要聽，仔細去感受自己到底適不適合這樣的工作。換工作方面，即刻可換，但小心不要重蹈覆轍，選到類似的事業體。

人格個性：脾氣火爆，行事衝動的人，這樣的人周遭會有很多自以為是的人在亂出意見，其本身也很難有自己過濾意見的能力，所以在通盤接收或通盤拒絕後，行事風格越來越極端，常常在社會新聞上看到失控，大概都是這一類人。優點是精力旺盛、不懼壓力、勇於冒險、擅長追求。

機會財運：由於外界的紛擾太多，現在所出現的機會都不會是真的好機會，反而是充滿了陷阱與無效的機會，就算付出心力去掌握也很難有所成就，別白費心力了，好好專注本業穩定收入就好了。博弈投入方面由於資訊過度混亂，輕易投入可能損失慘重，還是果斷棄置，安分守己為佳。

爭執誤會：因為雙方經常性的爭執，關係已然瀕臨分手邊緣，你們已經習慣性吵架好幾次了，甚至演變為一點就燃。關心對方卻變成管太多，在意對方變成控制欲，這些錯誤的解讀導致你們無論多好的出發點都會被帶偏。此時不是溝通的時機，嘗試行動上貼心並少說話多微笑，待過陣子再謹慎處理。

分手復合：如果雙方交惡分手，那是全然沒有機會復合，便不用白費力氣了，唯有自己從這段感情中得到經驗與新的認知，並著手去改善自己在其中錯誤的行為與判斷，才有辦法在下次戀愛中，有更好的發展。若是和平分手，請讓彼此冷靜一段時間後，安排個一對一的單獨見面，採取理性溝通，嘗試低機率復合。

塔羅建議：這是張非常辛苦的牌，單一張就有難以形容的混亂產生。曾有學員占卜感情，抽到權杖五、太陽牌、聖杯皇后，我說你們剛吵架，但慶幸搭配的牌組很好，很快會有好轉，並不會陷入混亂當中，但仍要小心的主動去處理後續的感情修復問題。所幸事後學員回饋感情修復後比原先更好了。

權杖六

Six of Wands

重大消息、已成定局

事件狀況：目前事件即將有重大消息出現，請開始戒慎恐懼的準備應對，畢竟這個重大消息是好是壞還不一定，若此時錯誤解讀，你將蒙受嚴重的損失，並可能徹底喪失這個機會。如對方可能想跟你告白或是聘用你任職，你卻誤以為對方不喜歡你，進而猶豫卻步，此類機會一但失去將不再來。

單身尋覓：即將來到脱單的轉折點，但這一切還是取決於你有沒有真正打開心房。此牌代表著過去的傷害你尚未完全釋懷，帶著過去的包袱是很難重新經營一段好的感情的。忘掉過去創傷的同時請別忘掉過去的自己，每一次的戀愛最好都像第一次，別因之前談錯對象就拋棄自己的優點。

伴侶戀愛：你們是由黑翻紅的伴侶，過去有過激烈的爭吵與對抗，但現在都過去了，該是好好過日子的時候，學著好好説話、好好稱讚、好好疼愛，這些一般情侶都不容易做到的事，在你們經過大風大浪後變成生活的基礎，可以開始朝長期關係發展，記得現在得來不易，好好珍惜。

事業工作：剛完成一個階段性的成果，你正處於喜悦之中，但對於更長遠的未來，還是不免得感到未知的茫然，手邊能做的都做得差不多了，突然間鬆懈下來卻不知道該做什麼，此時其實是展開進修的好機會，充實自己可以在面對未來時，更穩重踏實。有成績的你換工作，都不會太差。

人格個性：積極的行動派，事情不到一個階段不會停歇的執著個性，能在自己計畫內完成幾乎所有的事情，擁有非常厲害的「自控力」，缺點是可能會為了達到目標而廢寢忘食，傷到身體或造成其他不不要的損失。適合擔任使命必達的快遞員、專案負責人、部門主管、外科醫師。

機會財運：過去的你認真努力已經具備接住機會的本錢，可以勇敢去把握目前所遇到的機會，該是一展長才的時候了！如果團隊中有需要領導那非你莫屬。換工作方面可以換到非常不錯的工作，基本上都是由你開心來選擇的，你可是職場炙手可熱的存在，選擇一個有挑戰的管理職位吧！

爭執誤會：過去的爭鋒相對已經過去，此事已成定局，只能從未來相處去做改善，目前對方也沒有很在意這件事，但你該有的態度還是要有，好好的約會談心，重新建立彼此的溝通管道與愛的交流，事情很快就能得到解決。此牌代表行動，所以想到什麼方法就趕快動起來，沒問題的！

分手復合：兩人的感情已經所剩無幾，一切已經成定局，再怎麼努力都是徒勞，放棄吧。其實這也是過去的你當下所做的決定對吧！你本來就有心要分開，只是現在有滿滿的不甘心，想要扳回一城，但這大可不必，毫無意義。互相忍耐了這麼久，這樣的結局其實是也代表兩人的共識。

塔羅建議：此牌說好聽是「凱旋」但其實真沒有這麼樂觀。曾有學員占卜婚姻抽到，聖杯八、權杖六、隱士牌，我憂心的這段感情很累，對方甚至有離開的想法，但學員因對於牌義不熟且一知半解，認為有權杖六在，堅信一切將凱旋歸來，但其實此牌代表的是一個重大結果，想各自生活的結果，結局果不其然是分離。

權杖七
Seven of Wands

外力介入、遭到圍剿、競爭者、疲於奔命

事件狀況：坊間許多文章表示此牌為「勝勢」但在我職業生涯中，此牌代表著孤立無援、自我考驗、紛擾叢生等，與優勢實則毫無關聯，若錯誤解讀可能造成形勢誤判，會吃大虧。此時該做的重點是暫避鋒芒，不要過度去要求一個答案或結果，等待紛亂的因素暫時停歇後再作打算。

單身尋覓：就算你是單身也有很多因素跟人在阻止你脱單，那些表面上跟你好來好去人，可能都是你「潛在的競爭對手」或是「見不得你好之人」，千萬別跟任何人説你喜歡了誰，最後一定會被傳出去，再來落個見光死的下場。先專注於自我提升吧！並擺脱那些虛偽的兄弟／閨蜜關係，他們只會消耗你、耽誤你。

伴侶戀愛：是一段不受祝福的戀愛，周邊反對或不看好者眾，你們只能苦苦支撐，感情一有一點小問題，都會被勸分手。畢竟是排除萬難才在一起的感情，雙方必須有共識，並一起堅持下去才行。在此高壓時刻，非常容易出現競爭者趁虛而入，千萬別去干涉監控，反而是得多創造「共同的美好體驗」與記憶來作鞏固。

事業合作：你正在經營一份不受認同的事業，遭受周遭許多人的輕視或取笑，你也堅持的非常辛苦，只有你能看見這個行業的前景，不用理會那些不懂的人，咬牙堅持往前衝就行。要換工作可以趕緊換，你是一個有能力的人，但把你放在一個見不得別人好的工作體系內，就會被當是異類定會受排擠，更難以發揮。

人格個性：不畏艱難的人，富含耐心，對人無條件的友善，比較沒有個顯著個性，容易遭城府深厚之人所唬弄。缺點是交友不慎，容易吸引來一群負面的朋友關係，他們會拖累你的事業、感情，猶如狗頭軍師一般給你錯誤的方略，讓你對前途一片茫然無所適從，甚至開始懷疑人生。請遠離蠢蛋，練習獨立思考。

機會財運：因為競爭激烈的關係，出現在你周遭真正的好機會少之又少，很難比你目前從事的還要好，還可能是陷阱或詐欺，要小心提防。博弈投入方面更難，因為一堆虛假的標的充斥在你的世界，隨意投入只會慘賠收場，目前還是優先清理自己的資訊接收管道，待釐清整體再做抉擇。

爭執誤會：可以說是讓你身陷困境的爭吵，對方周遭生活圈各個都在刁難於你，各種「毒雞湯」與「餿主意」正在腐蝕你對象的心智，你又不能真的去跟他們辯論，只能陷入被動被害之中，現在只能嘗試提出旅遊邀約，遠離那些負面生活圈，在安靜的地方兩人好好說開外，沒有什麼更好的辦法了。

分手復合：有強勢的競爭者介入你們的感情，正好在你們脆弱的時候乘虛而入，現在的你已經沒有什麼籌碼可以抵禦外敵，你能做的只有放棄所有過去對對方的好，以全新的姿態重新讓對方看見你，才有機會，但說起來簡單做起來十分困難，所以開始思考退場策略，也是一個應對的方法。

塔羅建議：有位企業主占卜外銷工廠事業，抽到權杖七、寶劍三、聖杯四，我表示不妙。他堅持權杖七是正面意涵「優勢」，過兩個月後才發現跟上游訂購的原料只有少量到貨，導致訂單合約即將無法如期交付，最後是花倍數費用到處買到處借原料才度過難關。最後同意我寫在本書告訴讀者作為警惕。

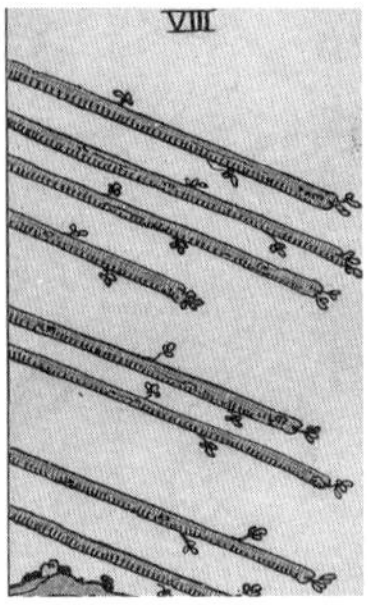

權杖八
Eight of Wands

加速、飛越、化繁為簡、自由

事件狀況：事情的結果很快就會發生，但是好是壞得取決於你在這段時間的投入多寡，如果手邊還有未完善的項目請盡快補足，在最終結果確定之前做好能做的所有事情，盡力而為等待答案。若在等待的過程心裡會很煎熬，那便把該做的做完，然後完全放下休息，沉著冷靜等待結果。

單身尋覓：兩個方向，第一是會很快找到對象，但也可能很快分手。第二是找到一個性格很急的人，你得配合他的步調，才能進入他的生活，也容易因太過著急而衍生爭執，不一定會是一個好對象，現在階段選擇權都在你手上，好好選擇不後悔就好。有機會出現「遠距離」的交往對象

伴侶戀愛：一方很急性子，另一方雖然也不消極，但相形之下，一方卻顯得不夠認真，進而容易衍生很多不必要的爭執。其實人各有不同的速率，在合理範圍內都是正常值，不要太過於去要求對方與自己要完全同步，有很多伴侶走到最後不見得是肩並肩，而是一前一後，最後拉對方一把，也是幸福的一種樣貌。

事業工作：請施展你的渾身解數，全力把所有該作該完成的以最短的時間完成，將使你的事業再創佳績，現在絕對不是懶散的時候，把握時間，衝一波。換工作方面很快可以找到新工作，然後你很適合做簡單卻重複性質高的工作，因為你的高效率與熱誠，會讓你顯得特別突出。

人格個性：急性子，凡事很希望有一個結果的人，他可以接受好與壞的結果，但完全不能接受沒有結果的結果，嚴重者還會有打破砂鍋問到底的狀況。但同時他們的工作表現也十分不錯，自己設立的目標也能一一實現，但總是太沉迷在突破關卡上，很容易忽略了生活，家裡可能很亂。

機會財運：會出現許多短期的機會，適合盡快做決定，不然一下子就過去了，但沒趕上也不會有太大的損失，基本收益也不高，只是具時效性。博弈投入方面以短進短出為主，有賺就跑，可小賠別被套，速度決定收益量，但也會很辛苦地在抓進出，任何要等的標的都先不要去做。

爭執誤會：莫名其妙就吵起來了，可能有非常不舒服的感覺，但稍微退一步，或許就是平時壓力太大所衍生的產物而已，稍加體諒，互相冷靜後事情很快就能得到解決。學會退一步並站在對方的立場思考是維持長期關係發展的好辦法，更是面對此類爭執的最優解方。

分手復合：兩人之間還有感情，但分開已經成定局，多為一方限制或要求過多所致，之所以很難復合是因為雙方都因為感情而推遲了一些原本要實現的目標，一旦兩人開始有嫌隙，這些未實現的事物就會發酵，成為分手的催化劑。先讓對方去完成他想做的，未來再去考慮復合不會太遲。

塔羅建議：個人認為此牌的意涵在塔羅牌中的意涵與訊息是最少的，因此底層邏輯有「化繁為簡」的意思在，多數在抽到這張牌後，問題不是已經結束就是快要結束了，就像是終點前的最後一刻一樣。曾學員占卜求婚，預計隔天晚上舉行，抽到此牌並搭配戀愛牌組後，意外於當晚被搶先求婚。

權杖九
Nine of Wands

傷痕累累、僵局、心很累

事件狀況：目前的情況讓你倍感艱辛，雖然還沒有確認失敗，但你的心卻早已滿目瘡痍，面對這個僵局你是幾乎沒有辦法克服，只能苟延殘喘的勉強維持在現狀。你已經太疲憊了，與其用盡心力想翻盤，不如著力在讓自己平靜上，現況不是你努力認真就能扭轉的，去好好放鬆一下吧。

單身尋覓：由於你先前所受的感情創傷，你對於新認識的人都會有很高的防備心，對方稍有一些類似言語或行動，你都能聯想到過往的不悅記憶，所以要脫單得先療癒自己的情緒。切記不要每次談戀愛失敗就放棄自己善待他人的優點，否則你將不會再是你自己，取而代之的是越來越差的自己。

伴侶戀愛：兩人的關係已經不如當初，也很難再有更好的發展，目前只存形式上的相處，並無太多的感情投入，面對這樣的狀況你也知道要改變，但同時也無能為力，只能讓兩人漸行漸遠，雖然沒有第三者介入，但感情只有各忙各的。若想要改善，可以嘗試海邊或海外的度假旅遊。有時候感情會在徹底放鬆後重新歸來。

事業合作：事業進入瓶頸期，你該好好警戒目前手上的成果，很可能一個變數讓你損失慘重，與同事或下屬的關係也是有陽奉陰違的狀況發生，不要把同事當朋友，更不要與其訴苦，現階段最好明哲保身，不要犯錯。換工作方面，因為你眼光太高，換不到什麼好工作，但還是可以試試。

人格個性： 低自尊但高自尊需求的人。自命非凡，見到人就愛豎起一道牆，會在言語中不經意透露你們之間的差距，讓你只能以低姿態出現在他面前，基本上沒什麼真心朋友，也不太得人信任，實際上很空虛，也很在意外界對自己的看法，容易生悶氣。優點是算聰明保守，不會去做壞事。

機會財運： 現在出現的機會你多數都無法掌握，不是錢不夠就是時間不夠，根本難以踏上成功的道路，最好都先放棄機會，徹底的去改造自己提升自己，下次機會再來才能把握。博弈投入方面資金已經快要用罄，此時做什麼標的都不會有正確的判斷，還是留著維持基本溫飽才是上策。

爭執誤會： 感情進入停滯期，雙方的溝通管道已經所剩無幾，交談只剩下必要性的隻字片語，其實你已經知道會分手了，只是還在作無謂的掙扎而已。目前的關係讓妳們的壓力指數上升到崩潰的邊緣。現在不是對立的時候，反而該放軟態度，不要想著解決而要想著為其排解壓力才是首要。承受太大的壓力會讓感情走味。

分手復合： 兩人的感情隔閡已經深如山谷，此牌很多解釋為還有救，但依照我的實務經驗顯示，多已經難以挽回。即便出現一閃而過的復合契機也會重新破滅，此時最好什麼挽回手段都不做，並開始著手釋放雙方的壓力，讓彼此的怨逐漸和緩，或許還有一絲絲當朋友的可能性。

塔羅建議： 此牌坊間常解釋為「防守」但我認為可以再更貼為：「被迫防守」，因為在我的實際占卜經驗中發現，占卜的學員他們都是有他們正想達成的目標，但抽到這牌也同時顯示他們不得不慢下來的原因，情感方面多數為受外力反對交往，事業方面多數為受金流問題所限，皆非所願。

權杖十
Ten of Wands

阻礙、沉重負擔、執行困難

事件狀況：事情進入瓶頸期，嘗試硬闖還可能會有類似「血光之災」的慘痛代價，此時是可以考慮換軌道、換方向、換對象、換工作的時候，畢竟你壓力已經過大，壓垮駱駝的最後一根稻草也可能隨時出現，此時紓壓大於積極，休息大於努力，轉頭大於執著，活下來才有機會翻盤。

單身尋覓：要脫單非常困難，因為你的心已經僵固化，對於戀愛，受挫過的你所接收到的訊息多數都是負面的，久而久之你自己也對愛情敬而遠之，除非接納一直暗戀你的人，不然很難有機會敞開心胸去好好談感情，此時你也沒能量好好去愛，所以也不一定要去耽誤別人的青春與時間。

伴侶戀愛：你們交往時間不短，也一起度過了許多大大小小的問題，能走到今天實在不容易，你們都明白曾經差點失去彼此，但現在來到了最後階段，要繼續就得定下心來拿出真誠，不然就是一拍兩散好聚好散，來到這個關鍵節點，請好好重新審視對方是否是你想共度未來的那個人。

事業工作：目前做的事業非常忙碌，壓力跟負擔已經讓你快要喘不過氣，現在只能靠意志力在支撐，而且你看不到未來，也不知道如何才能改善現在的狀況，漫無目的的消耗精力，只為了維持基本的生活。換工作方面現在也換不到什麼好職位，不如換方向去進修或是玩耍都比現在好。

人格個性： 人際關係較為薄弱，相處起來會讓人倍感壓力的人，近期也可能遇到一些大的阻礙，導致性格上有更明顯的缺失，跟其越親近越容易遭到越不好的對待，少數的優點是很難被騙，因為連騙子也很難跟其套好交情，很少人會持續在這個狀態，但當下很難從這樣的狀態下脫離。

機會財運： 目前很難有什麼實質性的機會，就算有你也把握不住還可能會搞砸，先處理自己的內心吧，有太多的顧忌與悔恨在心中，正在阻止你變得更好，此時與其尋找機會不如放鬆好好休息，養好自己的傷痕再出發為好。博弈投入方面大概率做什麼都會輸，別白費心力了，不要想賭。

爭執誤會： 你們給彼此太大的壓力了，吵到都有要分手的心思出現，不要再嘗試解決問題了，那只會讓問題擴大，不如擱置問題，以愛之名，行愛之行動，以貼心溫暖為出發，待過段時間情緒水平回升後，再來解決問題，會是比較好的方法，求快又強硬的話，很快就會面臨分手危機。

分手復合： 過往熱烈的感情終究來到了盡頭，你們之間出現了難以跨越的隔閡，雙方都不肯做些許的調整，逐漸地走向對立面，最差的結局是連朋友都當不成而變成仇人。完全放棄一切妄想可能是最佳的處理方式，不一定要刪除對方，但要做到不接觸，不然你們一觸就燃，反而更糟，此時不是繼續糾纏的時候。

塔羅建議： 在學員多次感情占卜中，出現這張牌還沒有在當下成功復合的案例出現，就算搭配非常好的排組，也不建議在當下就展開復合，硬闖會受傷的。在各項占卜中，此牌同時代表難以跨越的障礙，在現階段做什麼積極策略都不會成功，最好退一步觀察局勢，謀定而後動為上上策。

權杖侍從

Page of Wands

天真無邪、熱情洋溢

事件狀況：事件還在初期階段，目前有太多尚待完善的事情，你也很難定下決心去處理，建議保持開放學習的心態去看待，才能逐步增加你對事情的影響力，這將會是一段有點漫長的過程，好好的去研究它，直到事情出現成果，這將成為你人生重要的經驗之一。

單身尋覓：你的心性未定，也可能有曖昧對象，目前都還在感情的最初階段，但你的玩心仍盛，要定下來是有點困難，對方可能會是位熱情的男／女孩，若真要談感情請好好善待對方。你不是抗拒愛情，只是不想受制，所以可以盡量選能讓你維持原來自由比例較高的對象。

伴侶戀愛：熱戀期，乾柴烈火。但雙方較多激情較低感情，後續仍須多加培養，共同體驗新事物是很好的方式，適合都還青澀的你們，非泛指年齡，而是指尚未接觸的人事物很多，感情相對純真。在長期關係的展開前，或許現在是你們最兩小無猜的時期，好好存滿幸福的存摺，未來會用到的。

事業工作：事業無論規模多大，目前都還在初期，得先多增加學習的心力，還有很多問題等著你去完善，若是此時玩心再起，那再好的局面都會被自己搞砸，適當的玩樂可以，但不能因為沒玩樂就不幹正事。換工作方面，現在怎麼換都是人人能做的免洗工作，不如好好進修再找會比較好。

人格個性：熱情、樂觀、有點純真的人，他們做事急性子且又愛面子，大部分少年的特點他都有，樂觀面對任何事情，容易忘東忘西，喜歡新鮮感跟刺激感，有點孩子氣，也很可愛。缺點是容易因為小事而生氣，但也會很快就自癒了，對於未來很樂觀，但幻想過大，與現實不符會很不高興。

機會財運：目前沒有太好的機會，但勇敢的你可以都嘗試看看，說不定會有適合你的，現階段不用擔心事業長遠性，因為自己也還沒有定性，先找出適合的專長再說。博弈投入方面在現階段不宜，若執行你搞砸的機率超過一半，不要打一場勝算很低的仗，那只會讓你嫌棄自己的運氣與判斷。

爭執誤會：吵架並不嚴重，只要花點心思彌補一下，很快就能完好如初。但這次爭執的起因你必須要特別記住，下次就別再犯了。你們很容易因為小事情而爭執不休，根本原因就是兩人在感情上只有熱情，但成熟度並不足，而且雙方都很容易因「想太多」而誤解對方，得好好學習經營。

分手復合：由於感情含量本就不多或已經消磨殆盡，現階段復合是稍不容易的，因為分開的原因在於雙方思想的不成熟，多是只為了短期考量，或是還在受「父母約束」或「閨密朋友」影響，其實這是很糟糕卻人人都可能會經歷的時期，最好的感情往往也是被扼殺在這個時期，很可惜。

塔羅建議：此牌代表著純純的熱愛，其實沒有的現實問題，然而這同時也是最稚嫩最會受管束與外人影響的時期。曾有學員論及婚嫁，購屋前占卜，出現權杖侍從、權杖七、聖杯八，我憂心忡忡勸他先別買，但為了照顧對方還是特別買了在對方公司旁邊的房子，最後因為其母反對而分手。

權杖騎士
Knight of Wands

穿越與前進、急躁、橫衝直撞

事件狀況：事情將會發展得很迅速，若專注力不足事態也很有可能脫離你的掌握，知道你很想趕緊有個結果，但要到達結果，過程是絕對不可以跳過跟忽視的，請多著力在完善過程上，才能到達你想要的未來。有時候成功比的不是能力，而是耐力。守得雲開見月明。

單身尋覓：由於自己也很渴望，所以很容易會找到對象，脫單輕而易舉，也可能發生一夜情。但可惜的是對象都不會太好，也通常不具備長期交往的特質，當你被其魅力所迷惑時，請看看對方的根本，不要完全忽略那些缺點，或許在未來會是讓你後悔的主要原因。稍微留意看看對方是否有暴力傾向。

伴侶戀愛：這段感情有點讓你疲於奔命，一方的強勢爆脾氣都在主導一切，一方稍有配合不上或不夠迅速就會招致口角嫌棄，但有時那反差的溫柔與疼愛又讓意亂情迷，你也想過這樣的相處並不好，但你一直放不下，最就變成一直遷就跟等待對方疼愛，悲喜都在掌握在對方，愛得非常的被動。

事業工作：工作面臨挑戰，可以把你的衝勁轉化為持續力，藉由不斷的除錯與修正，你會慢慢越來越好，只是成果暫時還不明顯，所以實施起來可能會有點無趣。更換工作方面其實是不錯的時機，現在有不少能讓你有所發展的工作，勤勞點都去面試了解一下，做好決定在全力衝刺。

人格個性：非常衝動的性格，很愛面子，對於自己熱愛的事情會主動去追求，熱情奔放，與其相處會覺得好像換了一個新的人生，只要在他面前表現出你的價值，他對你有興趣就會主動靠近，你也不用告白，他自己會，也會給你很大的安全感。缺點是性急，缺乏耐心，難以長期往來。

機會財運：由於你太急於追求成功，現階段出現的機會都不太適合渴望的你，就算接納了機會也會因沒耐心進而放棄，不如都不要。博弈投入方面最好都不要碰，此時的你只會一股腦地重壓 ALL IN，才不管什麼風險跟危機，這樣的時候會很衝動一直追加投入，最後很可能血本無歸。

爭執誤會：關係進入緊繃的階段，急性子談感情會讓你們整體變質，變成一直追逐目標而忘記生活，聊天從情感交流變成制式化死板談話，最後雙方都受不了只會持續性的爭吵，以致感情越來越淡。與權杖騎士爭執的話唯一的化解方法就只有「順從」，但在實際上並無法解決任何問題。

分手復合：由於雙方過於對立，餘存的感情很稀薄。長時間的吵架讓你們最終畫下句點，就放過彼此吧，這就是單純的不適合，也不用再想要復合了，就算復合也不會幸福，不如完全退場記取教訓，下次再找對象之時別再找這類的人。此牌之人壞習慣很多，可惜了你當初全然的接納。

塔羅建議：此牌若是抽關於人的事情，純粹統計數據分享：通常有灰黑色背景，或身上有鮮豔多彩的圖案。對外兇惡對你溫柔會讓你一時反差陷入愛河，在職場上也會是一個擅長畫餅的小主管。同時要留意此類人很不負責任，出事了會跑得比誰都快。

權杖皇后

Queen of Wands

真誠自信、情感覺醒

事件狀況：請相信你的第一直覺來看待問題，若直覺表示負面，則此事就不該繼續，直覺表示正面，則該全力以赴，塔羅牌中直覺最精準的就屬權杖皇后了，不要相信花言巧語，而是要有自己的看法才不會被牽著鼻子走。此牌同時有積極的意涵，想要完成什麼就要去做什麼，你知道的。

單身尋覓：有機會在職場找到戀情。對於工作熱誠勤奮的你在職場上閃閃發光，仔細觀察會有人對你的工作態度投以熱烈的眼光，無論是同事、客戶、廠商、甚至外送員郵差都有機會。你其實已經具備吸引對象的基本能力，請練習提升自己的「自信」，對象自然會源源不絕滾滾而來的。

伴侶戀愛：這是一段很棒的感情，不僅帶給你們快樂與滋養彼此，還有更多共同體驗與人生的新感觸，都在這段感情當中，你們彼此相知相惜，非常有機會往長期方向發展，記得永遠把話說開，互相都不要憋著什麼忍耐什麼，暢所欲言，你們將不再有大的誤會跟爭執，切勿「冷暴力」。

事業工作：你的事業正在合適的道路上，同時你能在這裡發揮自己的所長，好好把握時機把事業最到一個新的高度，注意人際關係，有機會創下新業績或升遷。換工作方面是很好的時機，有機會從基層換到管理層的職位，選擇自己所專長的項目，好好發揮所長，你會很愉快的工作。

人格個性：是一位有魅力的成功人士，穿著打扮也是相當得體，有外向自然熟的特質，有自己擅長的專業，也把專業轉化為財富，喜歡小動物，而且非常細心，喜歡規劃未來，按部就班的去做一件事，對於時間的管理有著超越常人的表現。挑不出什麼缺點，但因為成功的早，容易遭忌妒。

機會財運：將出現能讓你發揮所長的機會，同時也會是一個有領導性質的機會，請好好把握，這些機會能帶給你豐厚的財富與社會地位，是鹹魚翻身的好時機。博弈投入方面，可以朝你原先擅長的區塊去做深入，選出好的標的來投入，有機會創造不錯的財富收益與發展。

爭執誤會：其實直接承認錯誤馬上就可以恢復八成了，不要拉不下臉，此牌代表著直來直往，不用太多的招數跟技巧，只要純粹的熱情跟真誠就能化解誤會，總體問題不大，不用太擔心。吵架原因也是因為一些小事情，有時候對方只是希望你在當下有一個態度而已，而不是要爭輸贏。

分手復合：兩人之間的感情深厚，但現階段復合非常困難，因為當初的拉扯已經讓兩人暫時無法繼續伴侶關係，但彼此也沒有結下深仇大恨，最佳的方式是先以朋友身分自然相處，過段時間再找機會復合，千萬不要倉促提出，而是維持聯繫，展現你的美好重新吸引，才會有機會復合。

塔羅建議：此牌同時有「覺醒」的意涵，很多使你消耗讓你疲憊困擾的人事物該放下了，接納這個創傷帶來的不完整。有些回不去的時間我們只能珍藏，以淚洗面與好好生活都是一天，難過在實質上並無法改變什麼，不要妄想痊癒了，因為真正投入過的感情，抽離後就是一塊永久的殘缺。

權杖國王

King of Wands

看似在掌握之中、控制、大男／女人主義

事件狀況：目前的狀態在你的掌握之中，一切雖然會照著你的預期去走，但也不會出現什麼額外的利多利好，若你自己失去信心，則預期也會隨之惡化，不是一個能夠完全放心的狀態。別因暫時的順利而驕傲，否則將會功虧一簣徒增悔恨。發揮你的領導力，攜手眾人一起突破當前的關卡。

單身尋覓：你可能正對一個對象暈船，因為他太有魅力而且又擁有很不一樣的人格特質，舉手投足都讓你的目光離不開他，同時他也詼諧有趣，讓你開心的同時也不失自己的臉面，面對這樣一個近乎完美的人，請你當心，這通常是刻意裝飾而來的樣貌，千萬別踏入，你一定會後悔。

伴侶戀愛：時而苦時而甜，懼怕對方的強勢又貪圖他可愛的地方，你已經逐漸成為他的附屬品，並失去自我價值與獨立思考的能力，每天都活在對方的評比之中，對方給予高評價你能開心一整天，對方給予你低評價你會痛苦好幾週，為了維持感情，只能一昧拼命討好，最終失去自我。

事業工作：這是份外表光鮮亮麗，間接擁有部分特權，卻在金錢收入上非常不足的事業，雖然是自己有擅長也不排斥，但一份事業要做到長遠，實質收入會是十分重要的一環，否則最後變成作半公益，做心酸的而已。目前倒是很適合換工作，因為原工作很體面，容易換到收入高的職位。

人格個性：大男／女人性格，善於掌握與控制，讓人極其難受又愛又恨卻又脫離不了，在團隊中很會利用自己富含的天生魅力吸引群眾進而滿足自己的虛榮心並達到目的，非高段位千萬謹慎與其往來，非常有潛力成為海王／后，讓人無條件為其付出。一般人都會怕他生氣卻又愛他笑顏。

機會財運：就算出現再好的機會都只能讓你賺到面子而已，實際上不太能有什麼收益，但你還是會想去做，最終落得虛有其表打腫臉充胖子的境地。博弈投入方面會贏的很帥氣，但同時輸的很漏氣的一面你沒有臉面呈現。總結是別做意氣之爭，別做表面功夫，好好深造自己為好。

爭執誤會：面對這種強硬且倔強的對象，你只能拋棄一切尊嚴，誠懇的認錯道歉，並俯首稱臣後爭執將會出現轉機。但你必須認知到一件事，好的感情不需要你如此卑躬屈膝，真正愛你的人也捨不得你拋棄尊嚴，那些口口聲聲說要娶妳嫁你，卻同時踐踏你臉面的人，定全然不會是真實的！

分手復合：由於有一方十分自以為是，總是喜歡高壓強逼對方，所以復合非常困難，乾脆就放棄比較舒服，若是強行挽回，定會在多碰一鼻子灰，搞得自己烏煙瘴氣不說，還親手抹殺了自己所剩無幾的尊嚴。緣分已盡，其實對自己也是一種解脫，記得未來不要再找相同或類似的對象了。

塔羅建議：看似勝券在握卻同時變數叢生，貌似吸引自己的對象卻也同時不適合自己，抽到這張牌千萬提醒您不要低估對手或高估自己，因為這些都是敗亡的前奏曲。在一次感情占卜中，乖乖牌學員詢問心中所想的對象是否適合交往，出現權杖國王與較差的配牌，後談了場煉獄戀情，結論是海王／后不適合守規矩的人。

聖杯一
Ace of Cups

豐沛的情感、良好的人際關係

事件狀況：事件發展處於一個相對美好的時刻，記得面帶微笑，給周遭的人更好的情緒，你將會獲得更多。遇到困難或是關卡的時候，建議使用「感同身受」與「換位思考」兩個思維模式，最有利於解決問題。此牌代表著目前順風順水的狀態，主動多幫助周遭的人，結下善緣，你將會越來越好。

單身尋覓：情感豐富你的你其實很渴望找到一個理想的伴侶，現在你的機會來了！留意你周遭的對象，他們會主動地接近於你，請你別揮霍，要好好珍惜，從其中去尋找一位長期穩定的伴侶，切記！要回應對象的主動善意才能把握機會。你的愛非常充沛，所以要漸進式的釋放給對方，才不會嚇跑好的對象。

伴侶戀愛：與伴侶之間的溝通相處十分順暢，兩人可以說是很契合的一對，先不要想著如何可以更好，請繼續維持你們的現在，自然就會繼續提升兩人的親密度。感情經營不是一條衝刺到底的路，而是比誰能維持在好的位置更久！一樣的愛可以有不一樣的呈現方式，維持新鮮感，以綿延美好為優先。

事業工作：由於過去的人脈累積，非常有機會遇到貴人與好友的幫助，哪怕是一個疑惑的解答都能讓你有重大的改變！適合從事「業務性質」與「共同創業」，經營與人相關的工作，例如：「社區團購」、「網紅主播」，在塔羅牌中，算是非常罕見的適合與其他人共事的好牌。

人格個性：可以說是一個幾乎不得罪人，同時也非常會做人的人，他們能言善道，善於與人打成一片，受到大部分人的喜歡，且心思細膩，情感豐沛，是一個可以讓人傾訴的好對象。缺點是眼淚太多容易因為小事而難過傷心，也太過於在乎其他人的想法，常常暗自神傷，難以自解。

機會財運：非常適合參與人多而出現的機會！在人越多的團體或公司越有利，接觸的人越多越有好處！請打開自己的社交領域，勇敢努力跨出去，將會獲得豐收！另外可以信任的朋友推薦的方式也可以好好的參考，以「交朋友的心情」去做事反而更能獲得到超乎原始預期的報酬。

爭執誤會：就算是吵得很兇，但其實彼此心裏還是有彼此。請從「心」出發，設身處地的站在對方的角度跟位置來思考吵架的原因，相信原因出現後會更能理解彼此發生不愉快的核心，找到問題後以「情感層面」出發，相信問題就能迎刃而解，畢竟雙方都有心在經營感情，整體問題不大。

分手復合：雖然分開，但感情並未消失，也可能是剛分手，或是因長輩反對或其他不可抗力不得以而分手，在這樣的況下要復合只要有一方去努力行動，複合機率就超過七成，若要再向上提升保險就要從「過往的美好回憶」與「情感訴求」來著手挽回，會更有機會！這麼好的一段感情非得要全力挽回不可。

塔羅建議：抽到此牌表示情感交流至關重要，很多問題其實只要從對方的心理去做思考都能得到解決的方法，最怕是不願意去思考，進而擱置問題，反而會讓小風暴如蝴蝶效應般越演越烈最後難以收拾。用心思考的同時也注意避免「感情用事」，與別被「情緒勒索」進而影響自己的心態穩定。

聖杯二
Two of Cups

互相扶持、相知相惜、契合

事件狀況：無論之前在高位低位，將會恢復到趨於平等的本質上，站在不同高度的看法常常帶來矛盾與分歧，尋找事情的平衡點是重要的課題，在讓自己順心的同時也需要兼顧讓對方也順心，難事也能輕鬆的解決。事件推進順利的主要核心在於「人際關係」的平等互惠原則上。

單身尋覓：抽到這張別稱「交往牌」，要脫單是非常容易的事情，但注意目標與方向需要非常的明確，不要沉浸在幻想中的白馬王子與白雪公主，也不要找與自己相去甚遠的對象，因為聖杯二的本質就是「平等的愛」而且是有來有往的。請放棄單戀目標，絕不會是單戀。對方也會是與你相差不多的條件。

伴侶戀愛：兩人的感情較無主從與多寡之分，是一段往來密切的愛戀，值得珍惜去經營，若遇到事件讓一方受了委屈，請記得在另一個層面補償對方，相互照顧是本牌的核心，伴侶間行事都有考慮到對方就能越來越好。我心有妳妳心有我，Wonderful！

事業工作：目前的工作是你相對擅長且喜歡的，美中不足的是報酬方面的問題，現在的你並不需要再去額外認識新的生活圈，反而更適合深耕目前手上的客戶與族群，加強深化目前的事業是最好的選擇。適合從事「法律相關」與「慈善基金會」也適合擔任「會計工作」和「醫護人員」。

人格個性：善於發現其他人的專長與優點，在群體中是一個讓人微笑的存在，他們能打從心底的去幫助別人但同時也希望別人能對自己真誠以待，若蒙受幫助是會感恩的人，主動付出時通常也不會太計較。缺點是容易被小恩小惠所感動，在被利用，被當作理所當然的時候會很難過。

機會財運：在平輩的親戚同事或是朋友上會有比較好的財運，所以可以免除那些大哥大姐父母叔伯姨嬸的建議，從真正了解自己能用平等眼光看待自己的人身上尋找機會。可以嘗試不是 A 就是 B 的二元選擇機會，有較高的勝率。然而輕鬆獲利後必須見好就收，畢竟此牌可不是賺大錢的牌。

爭執誤會：以互相扶持為核心，雙方平等作為化解紛爭的基礎，是很有機會化解衝突的，有時候吵架只是暫時忘了彼此的難處跟辛苦的地方，當你們想起來並且互相體諒時，會發現其實沒有什麼好吵好鬧的，甚至於誤會或糾紛冰釋後，感情將會比以前更好。多站在對方的立場思考。

分手復合：雖看似有機會復合，但因為牌特性是均等的因素，導致雙方都拉不下臉主動復合，此時千萬不能拖延時間，否則關係將逐漸變為無緣的平行線，具時效性。即刻展開復合主動聯絡方為上策，對方也在等你！愛雖還在，但卻正在凋零，別讓自己後悔。

塔羅建議：這是一張平等尊重的牌，不僅擁有良好的溝通與情感交流能量，也具備整合與匯總的能力，若是遇到事情糾結難以統籌，或是兩人意見紛歧，這張牌都能讓局勢有所好轉。謹記，解決問題的方式是必須建立於「平等互惠原則」的基礎上。有時候做點面子給對方也是個好策略。

聖杯三
Three of Cups

歡慶的派對、「小三牌」

事件狀況：事情其實到了一個段落，你正在思考的下一步的方向，周遭不缺夥伴跟伴侶，但主軸是你能帶領大家到什麼樣的境界去？身為掌舵者你必須做縝密的思考才能把團隊或伴侶帶到更美好的地方，現在享受之餘，開始規劃下一步吧！記得有「遠見」才能稱為「領導」。

單身尋覓：桃花朵朵開，深處花叢之中，容易在多人聚會中認識交往對象，請多走出門參加活動，派對最佳！讓自己被越多人認識的就越有機會脫單，別擔心沒有，只怕太多不好選。若一定要選請選笑的最純真的。如果你不是海王，請選擇越單純的對象越好，因為你駕馭不了愛玩的。

伴侶戀愛：首先判斷是否搭配「匱乏牌」一同出現，若無則表示目前這段感情進入了一個較好的階段，然而現階段的成就源自過往的認真經營，請別忘了過去是如何一路走到今天，請維持這美好的成果，繼續往兩人更美好的世界前行。珍惜彼此感情的得來不易，將會讓感情繼續昇華。

事業工作：人際關係如魚得水，工作進程也是到達階段性的成功，適合帶領團隊工作，自帶吸引人加入自己團隊的魅力，你也是團隊中的領頭羊，能夠帶領大家獲得更好的成績。適合擔任「直銷」、「保險」、「業務開發」「企業主管」等職，但請記得你不適合單打獨鬥，也很難獨自創業，較適合在體制內做事。

人格個性：外向，散播快樂散播愛，朋友非常多！個人魅力也很高，喜歡群體生活，派對、唱歌、密室逃脫或大型桌遊等團體活動。缺點是會把朋友重要性大於伴侶，或是一視同仁，當其伴侶可能需得多包容交友這個區塊，也可能亂借錢或是幫朋友作保人，需要有人在旁提點看顧。

機會財運：其實過往累積的人脈與能量都正在爆發，現在的財運與機會都非常多，你要做的是好好做選擇，謀定而後動，選擇一個最適合的標的！不建議去做博弈投入，因為你根本就不用賭就能有機會有財富，只是看你想不想要去實作而已。與其坐著滿腦想錢，不如起身行動賺錢。

爭執誤會：判斷是否搭配「匱乏牌」一同出現，若有則高概率是「第三者介入」，這時必須沉著冷靜，當作沒這回事，以情感訴求與美好時光作為吵架緩和的核心，便有機會安撫下來；若是聖杯三搭配一般牌或好牌出現，表示兩人只要坐下來好好講都能把爭執化解開來。

分手復合：首先得看是否有「匱乏牌」一同出現，若沒有表示目前還有機會，但必須把分手的問題做一個徹底的解決才有可能。聖杯三是一張在檯面上交流的牌，所以問題也必須攤開來說才能獲得解決，別再撐了，找個舒適的好地方，好好的把全部想說的話都說出來吧。

塔羅建議：感情牌抽到這張牌若搭配著其他「匱乏牌」或惡魔、月亮等同時出現就有相當大概率是有「第三者」出現，若搭配出現都是太陽、星星、力量等好牌就是歡慶的原意；這是一張多解性的牌，若是在工作占卜抽到聖杯三並搭配「匱乏牌」同時出現，意味著出現強勁的競爭對手。

聖杯四
Four of Cups

想要的太多、奢望、不知足

事件狀況：做事提不起勁，懶惰抱怨與拖延症同時發作，常常不自覺時間一下就過去然後一事無成，這個時候千萬別想著做什麼大事，因為一定會搞砸或半途而廢，而是該好好的休息，讓自己的心情得到真正的放鬆，才能脫離現在這個狀況。想要達成的目標很宏大，但執行的力量很薄弱。

單身尋覓：你對伴侶的要求太高，簡直是跨界交往，其實一個蘿蔔一個坑，很少人能跳脫自己的境界找到對象，灰姑娘遇到白馬王子，新進小鮮肉職員遇到霸氣女總的劇情都不用想了！雖然要找到更好的對象看似很難，卻也有很務實的辦法，就是好好的提升自己，自然就有更好的對象會出現。

伴侶戀愛：需要檢討自己對伴侶的要求是否過高。希望對方多陪伴同時兼顧事業，要求他們分擔家務而又要兼顧工作，這些都可能是對愛情的理想化期待，常源自於「別人家的伴侶」故事所引發的比較心理。然而，真正的愛情是獨特的，外表的光鮮亮麗並不代表真實，重要的是彼此的理解與支持。

事業工作：不滿於現在的薪資，但自己的能力卻跟不上時代，怨天尤人卻又無計可施，請重新規劃自己的工作人生，把時間拿去進修學習，找到自己適合的事業體，真正擅長的崗位。目前不適合團體工作，千萬不要創業，「人」會是你最難掌握的變數，甚至是一場可怕災難。

人格個性：好高騖遠，不喜歡團體生活，自詡才華洋溢恨生不逢時，凡事做不好都有理由藉口，幻想的太多卻沒有實際的行動，講話喜歡壓人一頭，還會得理不饒人，不適合與其共事跟交往，最好敬而遠之，對其冷處理冷對待是明哲保身的方式。優點是守舊跟傳統，不太會想去做太難的事，所以也很少失敗。

機會財運：放棄吧！沒有任何賺錢的機會，周遭也沒有貴人，好事都被自己的狀況所排斥在外，最佳的方案是選擇靜養，盡量讓自己什麼都不想的放空休息，想吃就吃想睡就睡，能坐著就不站著，能請假就不上班，才能調節度過這段陰暗的時光，空想一堆卻都沒達成半項是最辛苦的一種作夢。

爭執誤會：過多的要求跟期望讓對方充滿壓力，導致爭執，這是非常難解決的狀況，也算是自己一手造成的，除非自己撤下那些無意義的要求跟期望，收起那指指點點的姿態，好好的向對方認錯才有一點機會可以停止爭執。關係到哪要求才到哪，千萬不要提前要求，只會造成反效果。

分手復合：這段感情就像自助餐，只挑好的，不好的都不要。這是不健康的戀愛方式，且此牌嚴重缺乏行動力，所以基本上分手已成定局，兩人都會想很多卻都不做任何事，任由緣分越來越淡，永遠只有紙上談兵而沒有實際行動。要現在的你有什麼積極行為都很難，但發個善意訊息總行吧。

塔羅建議：抽到這張牌請了解到自己目前的狀況並不好，必須好好沉靜下來去反省自己的所作所為，並深刻告訴自己，現在自己的劣勢皆是自己當時選擇的結果，而不是因為其他外力所致，真誠的向自己認錯，好好安慰自己，鼓勵自己，才有機會再度站起來。要達成目標必須一步步來，永遠只想著終點就永遠到達不了。

聖杯五

Five of Cups

壞事比好事多、士氣低迷、懊悔

事件狀況：近期發生的事情壞事連連，好事稀稀落落，覺得自己狀況很糟，用失魂落魄來形容近況是最為貼切，對自己的自信降到低點，也自覺自己什麼事情都無法辦成，陷入一種低自尊的自我懷疑漩渦當中，非常難以脫離，因為完全沒勁。懊悔與嘆息並不能改善任何問題，只會徒增內耗而以。

單身尋覓：繼續單身，因為自己無法相信自己能夠擁有愛情與幸福，認為自己非常糟糕且沒有自信，完全無法吸引任何對象靠近，就算瞎貓遇到死耗子，真有對象出現，也會被自己的擴散黑暗所逼退，還是好好的想辦法做些讓自己開心的事，漸漸擺脫陰霾吧！最快方法是花錢體會生活，感受自我。

伴侶戀愛：由於意見分歧和口角，這段愛情出現了裂痕。雖然仍有美好的時刻，但整體的感情狀況難以提升。實際上，兩人之間並沒有深仇大恨或惡劣行為，更多是因為看法不同而導致的磨損。此時，應將注意力放在兩人之間的本質上，會發現其實只是認知差異，而非傳統爭執。面對差異，最佳解方是互相包容與理解。

事業工作：在工作中會遇到少數不錯的同事和合作夥伴，但同時也會遭遇更多令人懊惱的人。優秀的同事激勵著你；糟糕的夥伴則可能造成壓力，讓你難以專注工作。此時必須仔細思考當前的處境，評估現狀是否有改善可能。若在中長期內仍難以調整，則需要考慮退場策略，以保護自己的職業發展和心理健康為先。

人格個性： 雖然表面上有說有笑，內心卻是匱乏，缺乏自信。與這樣的人交朋友是合適的，但若考慮戀愛，他們會成為非常需要照顧、傾聽甚至引導的對象。如果你不是行動派或領導型的人，建議避免與其深交。儘管有些負面情緒，但對伴侶的態度還不錯，與他們相處時能感受到幸福，但同時也需面對他們的陰暗面。

機會財運： 損失大於機會，建議不要嘗試任何形式的機率性博弈投入，只會徒增煩惱，若面臨機會上的選擇，則是以保守為優先，現階段暫時無法突破當前的桎梏，強行嘗試只會讓情況更加糟糕，目前該做的是檢視自己身上有多少籌碼，等待機會來臨時才有足夠的能量搭上成功的列車。

爭執誤會： 雙方可能沒有發覺，看待彼此的眼光已經變得與過去迥異，很容易追逐其缺點遺忘其優點，其實雙方在一起有過欣賞彼此的時光，只是隨著時間與現實，對視的眼神不再是愛，而是檢討與質疑。現階段能做的事不多，只能自己先調整自己的看法，重新看見彼此的好。

分手復合： 機會不高，若真想去爭取，必須改變自己對於這段感情的看法，由於這非常困難，所以極大可能已進入逐漸疏遠的局面，累積的分歧造成兩人的巨大隔閡，你們可能很少有過大爭執，但太多的小事累積已經讓感情變質，這就猶如化學變化，很難逆轉，除非有新的催化劑。

塔羅建議： 哀大於喜的牌，充分顯示了當前不是勇往直前或做決策的階段，而應該是積蓄實力累積知識能量的時候，在此時作的重大決策越少對自己越有利，能夠良性擱置的問題就讓它擱置，會比積極處理來得要好，聖杯五代表很多事不是不能做，而是多做多錯，徒勞不只無功還會受損。

聖杯六
Six of Cups

照顧與依賴、回憶

事件狀況：此牌代表著曾經的努力已然有所成果，過往失敗的經驗已經成為現今的養分，讓你有不同的認知與境界，這同時也代表著你可以肩負起帶領者的的角色，讓其他人參與其中，分享你的經驗與知識傳承，這一路走來有多不容易，只有自己才知道，請好好分享，記得教學相長。

單身尋覓：可由認識已久的對象開始接觸，是一位認識你過往也同時看到你蛻變的人，請仔細的搜尋自己的現有生活圈，那個尚未斷聯卻許久未見的優質對象，就會是你的對象。勇敢提出邀約吧！觀察他的眼中對你是否投射著仰慕或愛慕，若有則謙虛以對並肯定對方，即刻就能脫單。

伴侶戀愛：這是一段雙方差異甚大的感情關係，一方照顧另一方十分依賴的格局，這樣的關係其實非常緊密，但請切記！身為照顧者必須持續傾聽與陪伴，肯定與鼓勵，身為依賴者必須包容與崇拜，這樣的關係可以走得非常遠，缺點是這個天秤若傾斜改變，關係則可能很快不復存在。

事業工作：工作處於一個自己能掌握的環境，有自己的安排，計畫也逐漸地在實現，只要依照目前的軌跡繼續向前行就會達到自己的目標，在這條通往成功的道路上要走的更好，記得多照顧後輩提攜有能力的人，協助弱者擺脫困境，協助團隊制定方向，抱團衝刺，方能有所成就。

人格個性：主導性強，能掌控局面，自帶領導魅力，吸引人崇拜，很會照顧別人，也樂於分享跟傳承，適合擔任「部門主管」、「競技隊長」、「民意代表」、「意見領袖」等職。缺點是容易受偽裝的弱者所蒙蔽，同情心氾濫跟太好借錢，最難改變的重點是，會為了朋友跟事業，而忽略了另一半。

機會財運：機會藏在平時鮮少接觸的人事物中，越是不起眼或越有差異的狀況越有機會，例如：博士賣雞排、無學歷當講師、實體店面轉作線上等機會可以好好把握。博弈投入部分需尋找平時不常接觸的方式，會有小小的收穫與回報，但記得見好就收，這張牌只能帶來小營小利而已。

爭執誤會：本質上雙方有著：財富差距、身高差距、主管基層、明星粉絲、老師學生、但無論是任何一種大幅差距關係，會有爭執就是因為原始交往的平衡被破壞無論是外力介入，或是照顧者實力不如從前等，照顧者必須持續努力創造成就才能被依賴，依賴者必須包容崇拜才能被照顧。

分手復合：就要看雙方分開時的關係，若已經脫離了照顧者與依賴者的角色，則這段關係復合的機率就變得非常微小，唯一的辦法是照顧者重新創造更強的能量重新吸引依賴，例如：更高的知名度，更高的成就等，或是依賴者找回過往那寬大的包容力，真心的崇拜，才有較大的機會複合。

塔羅建議：此牌廣義象徵著愛護與守護，有能力者遇到能做的善事多做，能照顧的流浪動物多照顧，越是打從心底的想讓世界更好，自己就會跟著更好。千萬別想著做貪瀆詐騙等惡事，為善則善己，為惡則惡己，別折了自己好不容易才擁有的生活。目前也不是與人撕破臉對決的時候，反過來以德報怨會是更好的做法。

聖杯七

Seven of Cups

華而不實的假象、不切實際、蒙蔽

事件狀況：身處於精心設計的縝密騙局之中，且越陷越深，難以自拔，所見所聞都是看似真實，卻真中帶假、以假亂真、以真造假的環境，當心人財兩失，勿貪、勿多情、勿作美好聯想，才能渡過此劫。這是一個沒有人能救你的情況，美麗的噩夢只有自己能醒悟。

單身尋覓：將會出現看似一切符合理想實際卻大相逕庭的對象，例如想找一個有錢有車有房的伴侶，沒想到真的遇見，在你奮不顧身地投入後直至人財兩失之時，這才發現一切都是假的，對方其實車子是跟人妻借的，無金融信用，房子是其他女友租的等曲折離奇的狀況，別被表象所欺，留心那些看似美好的假象。

伴侶戀愛：兩人之間僅僅了解了彼此的表面就在一起，嚴格來説不算是不好，因為關係親密後更能從不同層面了解對方的為人與品行，但必定要重新認識彼此，撤下兩人交往前的精心偽裝，真誠交往才是長久之策，愛貴真誠，始於表象，行於真實，後因相知而昇華，多嘗試了解伴侶的心吧！

事業工作：看似前途似錦，但其實暗藏危機，美麗的謊言充斥在工作空間，一段比一段好聽，老闆或是夥伴給你的畫的餅一塊比一塊甜美，讓你沉醉在虛假的榮譽與希望之中，請立即冷靜下來仔細檢視眼前這個工作是否真如同他人描繪的如此燦爛絢麗，仔細檢視其根本，可發現癥結。

人格個性：是位巧舌如簧，口若懸河之人，表面工夫作到骨子裏的高人，當心你認為的他不是真的他。善於營造氣氛，傳頌引人入勝的離奇故事，適合職位：「名嘴」。缺點是被質疑容易生氣，且追根究柢將發現他看似什麼都懂，卻什麼都不精，很難獨力完成出一張嘴以外的事情。

機會財運：一時的小成功會把你看到的所有陷阱都當作機會，他人給你報的明牌都可能變成神主牌，純博弈投入都可能遇到假的賭場與賭客，面對這樣美好的假象，唯一的方法是重新檢視，以客觀的態度來判斷當前的是非與可能性，用理性的自己來破除虛構的謊言。暫時沒機會沒關係，至少不會有什麼損失。

爭執誤會：長期以來不自覺的畫餅已經讓對方吃不下去，唯有證明誠信且作出階段性成果才有可能化解爭執。不諱言的說，用嘴編織的愛是大部人的最愛，但愛同時代表誠信與責任，補足這兩個部分，才有停止吵架的一天，不然就只能是人前恩愛伴侶，人後悲哀怨侶，難以維持長久。

分手復合：復合看似勝券在握，但嘗試後卻是束手無策，主要是因你的不瞭解導致分手，挽回時你的依然故我，復合機會是微乎其微，因為你的誇大與偽承諾都已被認定為虛假且不實際。唯一挽回的方式是立即重新改變自己讓自己的信用落實且展現出來，不然別想。

塔羅建議：時刻提醒自己，所見雖然美好，但實際則不一定，小心的驗證當前所見，步步為營才是上策，一有風吹草動或異樣就立即退場遠離，才能明哲保身，少受其害。特別留意對自己不斷表真誠的人，用盡辦法取信於你，以「為你好」之名，行「控制」之實，是最貼身最危險的境遇。

聖杯八

Eight of Cups

不切實際的方向、拋棄一切、差距

事件狀況：理想很豐滿，現實很骨感，形容這張牌十分的貼切，這說明著不切實際的思考只是徒勞，當初訂下的目標太高，看看自己身處何處，牌面中的人位於地面如何去追逐天上明月？該改變策略停止虛耗了！現在為時不晚，因為什麼實際行動都沒開始，損失的只是空想的精神成本。

單身尋覓：想找的目標太高太遠，卻又誤以為自己可以跨越階層，這種情況被稱為「活該單身」，整日活在自己理想的世界，想想自己位於什麼境地，有哪一點值得吸引更好的人與機會？回歸自我好好修行吧！別再期望有天會出現一個天使救贖自己，唯有自己更好才能擁有更好。

伴侶戀愛：感情狀態不同於聖杯六的良性差距，此牌較偏向於理念、三觀的惡性差距，兩人因價值觀的不同經常吵架，在根本上其實不適合一起，只是勉強湊合，有雙方都在騎驢找馬的可能，若真心要繼續，唯有找到兩人共識，一起成長、一起承擔責任，才有可能往好的方向走。

事業工作：現在的事業其實並不適合你，而是你自以為的適合，恐怖的是這些你都知道，只是不想面對。勇敢重新踏出去尋找自己適合的道路吧！別再躊躇逃避，浪費的是自己寶貴的時間，一旦下定決心改變，很快就能有所進展，但這個一旦很難開始，記得咬牙前行突破自我。

人格個性： 愛幻想，思考大於實踐，很會想一些很棒的點子，卻幾乎沒有去實施，很適合當別人的參謀，頭腦思緒算聰明，且提出的點子交給有執行力的人會非常有成效。適合職位：「顧問」缺點是缺一位伯樂，單單千里馬就只是走獸，在遇到賞識自己的人出現之前都很難有所成就。

機會財運： 有個閃耀的大機會擺在眼前，驅使著你努力去追逐它，別因當下的氣氛而迷惑了，這個機會並不屬於你，更有可能不存在於真實世界，費盡心力的去追逐它不會讓你變得更好，還可能消磨你的意志與能量，使你更無心理會其他機會，停滯不前事小，抓住錯誤機會將可能墜入深淵。

爭執誤會： 兩人之間想法差異太大，一個想太遠一個只想過好目前的生活，其實兩人只是誤解，想長遠的事情沒有錯，好好過好現在的日子也沒有錯，解決此狀況的智慧方案是嘗試理解彼此，了解對方想的與自己並沒有衝突，化解包容彼此的想法，就有機會緩和情緒戰火。

分手復合： 因為明確的認識到彼此觀念的差距，深刻了解到彼此根本不合適而分手，這樣的情況下復合機率幾乎為零，不用再費心力去想怎麼挽回，與其繼續消耗，不如重新去尋找適合自己跟自己觀念相近的人，重新開始好好經營才是真的。別再用騎驢找馬的心態找伴侶。

塔羅建議： 其實聖杯七大多被解讀為「幻象」，但艾克認為聖杯八才是切切實實的「幻象」，三四十分的人怎麼可能找到八九十分的機會或對象呢？唯有停止那無意義的想法，著手提升自己，才會離理想更靠近，不要想著一步登天、一夕成名、一舉功成，唯有逐步提升自我，才有成功的一天

聖杯九
Nine of Cups

享受成果、自豪

事件狀況：階段性的成功讓你非常開心，但由於接下來還有更多關卡，不宜開心太久，必須繼續積蓄能量，力求進步，過去的小成已經讓你掌握了成功的訣竅，堅持與努力的同時，要帶入新的思維，讓自己更能掌握當前所有的狀況與變數，並預先擬定策略，安然應對順境逆境。

單身尋覓：由於努力提升自己終於來到可以脫單的階段，好好把握周遭你嚮往的人事物，你的目標就藏在那些你覺得最棒的群體裏頭，追求過程容易一時忘記，還像以前一樣畏首畏尾，記得要改用全新的自己去追尋，展示自信樣貌，有非常大的機會找到屬於自己的愛情。

伴侶戀愛：兩人都是在各自領域上有所成就的人，彼此並沒有明顯的優劣之分，相處起來和諧，爭執也很少，彼此視對方都是美好的存在。因過往的困境已經過去，現況佳卻總覺得缺少了點什麼？可以嘗試給對方準備點小驚喜點綴感情，千萬別為了刺激而去找外人，因為美好愛情的樣貌是：「細水長流」

事業工作：工作表現不錯，在體系裡也算是有口碑的存在，對於目前的事業感到非常有信心，在團隊中表現突出，是焦點人物，若搭配其他負面的牌同時出現則須當心「出頭遭忌」、「功高震主」等問題，需謹慎處理，若不幸遭遇到則需要使用「謙讓態度」與「低調策略」來度過危機。

人格個性：有點成功也有點自傲的人，他們喜歡誇耀自己曾經有多努力才有今日，但好的方面是他們願意成為指引方向的人，可以從這樣的人身上學到不少東西，撇開那些自滿和自抬身價的言語，其實還是有許多值得學習的成分在。缺點是一點小成功就自滿到不行，喜歡言語壓制對方。

機會財運：適合從周遭的成功人士來獲取機會，一直讓自己很嚮往的高人指引的方向可以好好採納，經過實踐近期就能有好的機會產生，無論是投資還是博弈投入，短期有不錯的機會，中長期不適合，畢竟這張牌代表的是一時的滿足，並不能當作長遠的財富累積。

爭執誤會：面子問題大於實際問題，有時候讓對方一點並不代表自己輸了，兩人之間其實都知道問題不大且不難解決，但就是撐著面子，死死握著自己對的點而不承認錯誤，都在等對方先低頭。解決方法不一定要示弱，也可以給對方適度的台階下，再好好的修復關係即可。

分手復合：雙方雖然還有感情，卻仍堅持自己的觀點誰也不讓誰，因此僵持的結果將會是以徹底分手作收，唯一的方法是有一方服軟，徹底向對方表示錯誤，並從兩人之間異中求同，才有挽回的可能，但因雙方都很難拉下臉，此法實則窒礙難行。要就快去，拖則無益。

塔羅建議：享受自己努力的成果固然是理所當然，但同時也記得別得意忘形，或是去恥笑那些還在努力的人，反而可能讓自己失去優勢陷入不利的局面。當心引發周遭的忌妒，進而讓自己受損，最好的應對策略是以「主動讚美」和「功勞歸共」來化解危機。應對此牌最佳策略為「謙讓」。

聖杯十
Ten of Cups

多元的美、理想之境

事件狀況：雖然其他層面還有加強空間，但心靈上已經達到一定層度的境界，這件事你其實看得很開，只是象徵性的來占卜，心理該怎麼做其實很清楚，依照原始的想法去做就能順利完成。若遭遇惡煞或卑劣之人介入此事橫加阻攔，則必須明哲保身，尋求外力解決，不宜親自直面邪惡。

單身尋覓：經由周遭親戚朋友的介紹，有非常大的機會脫單，之前你最不喜歡的相親現在反而是最有可能的契機，撇開先入為主的想法，用開放的心情去交朋友，會有意想不到的收穫。多參加團體的聚會也是一個好的方式，藉由一位朋友的介紹，進入一個新的團體，脫單可以說簡簡單單。

伴侶戀愛：空氣中都是甜的，若有想婚的念頭可以開始著手布置，塔羅牌中，這張非常罕見適合進入婚姻或發展長期關係的牌，珍惜現在擁有的一切，若正處於熱戀期，請全力把這愛的存摺給它存到滿，足以讓妳應對未來的風暴與震盪，也將是一生最難以忘懷的美麗記憶。

事業工作：事業處於一個美好的階段，同仁間交流順暢，雖不一定是管理職位，但工作成績有目共睹，聖杯十雖然作為工作占卜是一張好牌，但同時也顯現著另一件著實重要的事情，那就是工作之餘記得照顧家庭或伴侶，因為工作要順利本身也需要感情上的順利，跟伴侶家人的支持。

人格個性：在團體中像是一位大家長，受人尊敬且樂於照顧他人，有領導人的樣貌，適合擔任：「團隊領袖」，他那像家人般的帶領方式會溫暖許多人的心，能看見別人的優點與激發他人的才能，是萬里挑一的人才。缺點是若遇到頑劣份子時會很難招架，起衝突時也完全佔不了便宜。

機會財運：其實你已經是別人眼中的模範生，太多的機會反而讓你覺得麻煩且無味，現在的你賭性與野性都在下降，畢竟已經得到一定層度的滿足，要說什麼是對現況而言最好的方向？那就是「守成」、「擴大護城河」與「災害預防」才是你最該做的事。

爭執誤會：能走到這一步，有時候爭執吵架只是枝微末節的事，問題不大。不要踩太硬好好的和解就能解決問題，因彼此感情與互信基礎濃厚，不容易是因為第三者的原因。主要解決方針須放在兩人身上，以雙方雙贏雙喜的層面出發，問題很快就能迎刃而解。

分手復合：兩人之間感情深厚，無論是遭遇了什麼困難基本上只要兩人有心就都能解決，過去的風暴比現在大都能克服跨越了，現在又是在擔心什麼呢？你們熟知彼此，方法已然寫在各自的腦海中，趕快去實行吧！交往的基礎很足，所以可以嘗試「已結婚為前提」復合這個絕招。

塔羅建議：有時我們追尋的方向並不一定會按照原定計畫，也很難完全掌握，但美好人事物的可愛之處就是他們會以不一樣的面向來呈現人生多元的燦爛。原以為會在一間公司做到經理，卻陰錯陽差創業成了老闆、原本想從事研究當個學者，卻因一次採訪而變成網紅。乃是美麗的多元樣貌。

聖杯侍從
Page of Cups

溫文儒雅、按部就班、機智敏捷

事件狀況：請用一步一腳印的心情去面對當前的事件，壞事要解決需一步步慢慢拆解，好事要圓滿也是一個階段一個階段的實踐，千萬別想著一招就能解決所有問題。把想要到達的方向做幾個小目標，然後努力去達成，藉由不斷克服小困難、會越來越好！謹記「積小勝而為大勝」的道理。

單身尋覓：有機會遇見一個溫文儒雅的人，他的氣質與儀態都別於先前認識的凡夫俗子，豐富的學識與眼界十分的吸引你，是生活圈中罕見的對象。但別誤認為他高不可攀，只要你能主動開啟話題，良善交流，他也能被你的優點與特質吸引。強化自己的「自律」與「信用」會更有機會。

伴侶戀愛：這段感情處於萌芽期或有一方是戀愛新手，兩人之間相敬如賓，對彼此有尊重也有體諒，在感情上都有可以學習的地方，是不錯的關係。不妨多添點「熱情元素」有助於這段感情的升溫，但不要突然做太大的轉變反而會嚇到另一半，循序漸進的熱情才能更深化彼此的感情。

事業工作：處於起步階段，還在學習與摸索當中，過程還算順利，但對前景仍有些不確定性，最佳的應對方式是「做中學」唯有實際作業學習的速度最快！盡量多承接新工作項目，鍛鍊自己，多向主管或長輩請益，有助於工作進展順暢。有小貴人出現，有助於你排除眼前的困難。

人格個性： 性格溫文儒雅，自律且守信，學習力強，求知慾旺盛，對於自我身材有要求，儀表比一般人好一些，富創造力，能夠透過雙方交流激發更多想像力。缺點是容易因差距而誤信他人，對看似地位高或有成就的人不設防，容易誤信他人進而造成損失，或學到不該學的惡習。

機會財運： 尋求長輩與成功人士的幫助會得到不錯的收穫，但就算得到機會也得按部就班的去執行才能成功。博弈投入方面沒有什麼機會，畢竟聖杯侍從是張按部就班的牌，與一步登天、以小搏大完全背離！別用錢測試運氣，只會越測越沒信心而已。捨棄投機、腳踏實地吧！

爭執誤會： 找到兩人爭執的原因，並誠心認錯，對方也不會不給你台階下，別再固執己見，問題很快就能過去。但事後必須去研究爭執發生的原因並加以「檢討」和「避免」再次發生，否則同樣的問題持續，輕則導致「感情減損」，重則埋下「分手引線」，可就麻煩了。虛心檢討為上策。

分手復合： 雙方是經過一定層度的思考才分開的，彼此之間的差異不小，雖然還有感情，但務實的思維已經成為復合的阻礙，簡單一句：「回不去了」可以充分描述這個情況。若還總想著回到從前，建議直接放棄，因為就算復合也無法回到過去，新的相處模式也不會是你想要的樣子。

塔羅建議： 聖杯侍從就像個剛起步的好學之徒，他勤奮努力卻又白紙一張，此時周遭的環境對其十分的重要！在良善的群體中他便能得到更好的成就；處於奸邪的群體中，將會變成一位令人頭痛的人物。此牌主旨是「近朱者赤近墨者黑」，依照這個原則處理問題跟生活圈是最佳方案。

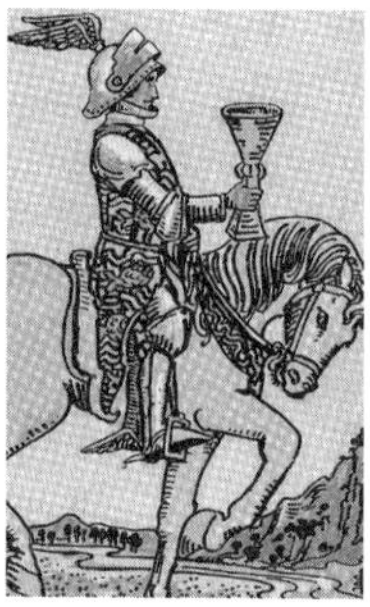

聖杯騎士
Knight of Cups

英姿煥發、唯美浪漫

事件狀況：聖杯騎士宮廷牌有一個特點，它代表著處理問題必須藉由第三方外力或第三方思維來解決問題，在這樣的情況下你很容易忍不住想親自去解決，但千萬別這麼做，搞砸事小，弄得烏煙瘴氣全盤皆輸都有可能，多思考問題的本身，還有找誰來解決這個問題是最重要的！

單身尋覓：將出現一位十分理想的對象，他浪漫又熱情，勾走你的心且讓你無法自拔，但請好好檢視自己是不是真的配得上他，兩者之間算有一定層度的差距，要長遠相處需要蠻多的退讓甚至犧牲，假如你真的決定放手一搏，那他同時也是值得你這樣積極行動的對象。

伴侶戀愛：用「被愛的有恃無恐」，這句話來形容最為貼切。你們之間有一方是無條件被愛的，一方是愛慕者，一方是被愛慕，兩者之間的天秤是很傾斜的，但同時感情也很深厚，並沒有什麼惡性的問題，但被愛的一方，記得要常常「鼓勵」與「獎勵」對方，就可以維持的很長久。

事業工作：總工時很長，需要很多耐心跟時間才能處理手上的項目，記得善用工具跟新的解決方案，如「AI 人工智能」等將事半功倍。另外在同仁相處中，只要這個人不嫉妒自己，就會是自己的好幫手，倘若此人嫉妒自己，那就千萬別拜託他分毫，以免惹事上身。

人格個性：外貌俊美，魅力十足，談吐風氣幽默，說話非常動聽，所到之處自帶流量，交友甚廣。適合擔任：「文藝作家」、「知識講師」、「媒體公關」等職業。缺點是行動力略顯不足，雖知識底蘊豐厚，但執行力欠佳，需團隊合作或有人督促，才能讓事情順利推進。交往方面，也特別適合會鼓勵與督促的伴侶。

機會財運：首先需先明白「教學相長」的道理，從分享與指導中發現新的機會與自己能改進的地方，將獲得不錯的收穫。博弈投入部分可以略略小試身手，看看那些運氣好的人都玩什麼，可以跟著一起小玩一點，記得見好就收，贏了以後得跑得比別人快才能全身而退。戀戰則可能財損。

爭執誤會：由於自身知識豐富，很愛跟伴侶講道理，但通常難以讓人接受，久而久之便演變為左耳進右耳出的狀況，請停止「碎碎念」，從情感層面出發去感受對方，問題點很容易察覺也容易化解。盡量的改掉自己愛說教的習慣，改用「實際行動」去「安慰和獎勵」伴侶有助於感情維持。

分手復合：目前還不算真的分手，只要你提出復合基本上沒什麼問題。若你是提出分手後後悔的人，就得誠心認錯並改掉「動不動說分手」的嘴砲習慣！畢竟「言者無意聽者有心」，真正愛你的人更是會把你的字字句句都認真對待，別再用分手來讓對方妥協，否則下一次就難復合了。

塔羅建議：聖杯騎士擁有的先天條件跟後天學識在騎士宮廷牌中名列前茅，但致命的是它同時也是最缺乏行動力的騎士，看著那如表演出場一般白馬，會有「金玉其外」的問題出現。克服問題的最佳方法是提升「熱情」與「行動力」，補充火元素「紅色系配件」，能讓聖杯騎士更有衝勁。

聖杯皇后
Queen of Cups

包容、親切、溫暖、感情用事

事件狀況：無論有多想採取極端，或走危險的方式處理問題，都請直接停止這樣的想法，聖杯皇后的牌揭示著要用良善與同理心才能解決問題，反其道而行只會讓事情越來越糟且脫離穩定，試著用對方的處境來思考並尋找解決方式，事情不會太難解決。

單身尋覓：將遇見一位對愛非常投入的對象，對你傾慕賞識，他說話溫暖沒心機，大方也不計較小節，是個可以傾訴的好對象，但同時你也必需要做到與其匹配，他才會敞開心防的接納你，聖杯皇后的最大特徵是好相處，所以選擇生活圈中最好相處的對象脫單機率會是最高的。

伴侶戀愛：這段感情是互相愛慕依偎的，對彼此的依賴度很高，有「如膠似漆」的狀態，但這樣的狀況長期下來可能會給雙方帶來壓力，「黏踢踢」不是不好，然而「疏密有度」才是最好的模式。若要調整不能馬上疏遠否則將失去安全感，半進一退進少退多直至相對平衡時再停下腳步即可，不用追求太極致的絕對平衡。

事業工作：目前的事業還算不錯，也具未來性，雖然幹了一段時間，但目前都還在早期階段，需繼續深耕這個項目，了解其更深層多元的樣貌，才能挖掘更多的利潤。因個性好容易被壞同事利用，亂丟工作給你，對你叫囂不禮貌等，須展現自己的底線與態度，不讓人任意叫板。

人格個性： 語氣溫柔、氣質出眾、浪漫又體貼，富包容力，是團隊中最適合傾訴的對象。適合擔任：「人資主管」、「心靈導師」、「協調人員」。缺點是容易感情用事，一頭栽進戀愛而無法自持，為愛過度犧牲，戀愛時完全聽不進去任何提醒，沉浸在自己的粉紅泡泡之中。

機會財運： 有餘力可以做些佈施，藉由幫助與協助他人的途中讓自己有所啟發，進而發掘新的機會，也可能出現幫助別人反被幫助的狀況。博弈投入方面，特別小心別因情緒激動而不斷追注加碼致擴大損失，也需稍微留意以愛之名的財富陷阱或桃花劫。

爭執誤會： 切勿爭輸贏對錯，也不要斤斤計較，以解決紛爭為主軸出發，坦然以對，誠心回答所有的疑惑與問題，在互相表明內心後，問題其實就不再是問題了。回想當初為何要在一起的點點滴滴，清楚地把自己的感受告訴對方，相信對方一定也能感同身受，放下隔閡。

分手復合： 兩人間的感情依然深厚，因聖杯皇后是水元素又是坐姿，所以等待複合較有機會。知道你會忍不住很想主動提出，忍耐一下吧！最好的復合方式就是在對方主動聯繫自己時，適度的給台階，不預設關卡考驗對方，並軟化態度，除非出現第三者，這段感情目前還不至於消散。

塔羅建議： 用開闊的胸襟正面面對，用圓融客觀的方式來處理問題，避免採取極端或走偏門，心思越純正越容易解決問題，反之心中帶著仇恨算計則會讓問題走向難以收拾的境地，不可不慎。把握事情還能善了的「黃金時間」，把握機會將事情做一個好的了結，別過於計較得失。

聖杯國王
King of Cups

智慧與養護、慈祥、講理知人

事件狀況：用更高的視野來看待問題是最佳方式，其實問題本身並不複雜，難就難在只用平行思想來看待問題，只會想著誰勝誰負，換以高位眼界來重新檢視後將會發現，自己失一點「免費的面子」，也不用贏那麼多，稍微讓一點給對方，再給個台階，就能讓狀況順利解決。

單身尋覓：將遇到較為年長的對象，他親切好相處，對於生活有自己的獨特看法，富含智慧卻沒有傲氣，反而有著滿滿的親和力，對於這樣的對象若自己真心喜歡的話，請主動融入他的生活，配合他的步調，他將帶給你嶄新的正向生活方式與態度，會讓你越來越好。

伴侶戀愛：兩人之間有濃厚的感情基礎，且幾乎不苛責對方任何事情，彼此溝通順暢，遇到問題總有一人可以提出讓兩人都認同的解決方式。若有結婚計畫可以逐步進行，記得你們的現在的良好狀態源自於互相理解與體諒的心，請繼續維持，好好珍惜，是值得呵護的一段感情。

事業工作：很有長輩緣，遇到問題向上反映很快會有好的解決，若是創業者遇到問題則請教同行的前輩，他們的意見將會成為你寶貴的資產。因你平時的經營與為人，遇難題時會有貴人襄助，要進行較大的決策時，請考慮風險控管，並規劃退路與保險計畫，再去執行可更添成功機會。

人格個性：不論年齡皆給人慈祥和藹的感覺，樂於助人且樂善好施，重視安全與風險管理，有危機意識，在團隊中是一位睿智的前輩，很多問題請教他都能得到最好的解決方針，人格上幾乎沒什麼缺點，硬要列舉的話就是為人太客氣了，不容易深交。適合擔任「風控人員」、「保險規劃師」

機會財運：從長輩跟前輩身上會獲得很棒的機會，貴人提點與經驗分享要特別認真的筆記並吸收，會讓你的事業越來越好！也需留意他們告訴你的坑（風險），避開才能越作越穩。博弈投入方面請量力而為做好風險控管，勿過度投入，獲利止盈回家睡覺為最佳。

爭執誤會：站在對方的角度看待問題，用包容的心去感受對方的心境，別太在意問題的對錯，主動軟化自己的態度，事情很快會緩和，彼此本就沒有深仇大恨，平心靜氣反而更能解決問題。反之若意氣用事，大吼大叫，爭執將持續擴大難以收拾。別找自己麻煩，更別找愛人的麻煩。

分手復合：兩人的感情如同家人，對彼此的了解超越其他所有人，與聖杯十的解釋類似，同樣可以嘗試「已結婚為前提」復合這個方式。但不一樣的是，聖杯國王的復合需要一方像爸爸哄懷裡的孩子一樣方式，好好的溫柔對待，真真切切的表明內心，復合就自然水到渠成了。

塔羅建議：面對越差勁的人，用越好的方式對待，他越難構陷於你。舉例若你們同時都進入一個新團體，你公開的表示此人的真實優點與你的正向看法，屆時他若在背後說你的不是，反而會陷自己於不義，我們必須了解世間惡人何其多，與其各個較真較勁，不如以好擊壞，讓他無法反擊。

寶劍一

Ace of Swords

突破、跨越、轉機

事件狀況：持續一段時間的困擾出現了突破的契機，在維持現況與變動之間請選擇變動，本次的突破還可能帶給你額外的收穫，甚至使你看待問題時的觀點顛覆。有時我們會把「問題只當作是問題」，但會遇到新問題的背後，其實意味著自己正在提升的路上，才會出現新的關卡，要勇於超越自我。

單身尋覓：將會遇見你中意的對象，但你必須勇敢改變自己才能與其匹配！內在方面：脫離封閉心理、擺脫社交恐懼、關閉自我否定的既定印象，外在方面重新打理自己，可由剪頭髮與基礎保養做起，必須給人一個清新乾淨的感覺，能脫單於否取決於你朝正向轉變的力道，沒有僥倖例外。

伴侶戀愛：兩人的關係將出現新的進展，但同時也會一同面對新的問題，若能同心共同解決，於問題解決後雙方會更認定彼此，相信對方是能走向更美好生活的好夥伴。若搭配聖杯好牌出現，則適合提出同居與求婚。若為婚姻占卜，須以「攜手同心」、「風雨同舟」為核心，難關可過。

事業工作：事業出現突破性的發展，將會面臨全新的機會與挑戰，如「負責新項目」、「拿到大案子」、「暫代理要職」、「調職新部門」等，勇敢承接面對將能獲得豐收！工作上若出現麻煩，立刻解決是最佳應對方式，切勿拖延。換工作者抽到並搭配好牌出現，必能換得更好的待遇與環境。

人格個性：行事果決有行動力，因自帶能持續解決問題的特殊能力，在職場中是亮眼的存在，升職也很快，適合擔任「基層主管」、「任務編組組長」、「企管顧問」等職。缺點是因自身節奏太快，很難有好的夥伴與真心的朋友跟隨。當心小人在徵詢完你問題之後，把你的創意變成他的。

機會財運：同時會出現全新的機會與全新的挑戰，記得要全心全力投入，奮力跨過這道門檻，你會發現過往的努力都是值得的！博弈投入方面適合研究新的標的，每次以單押為主，有獲利的機會，但不適合孤注一擲，畢竟這是一張可以在賽桌上贏得名聲跟帥氣的牌，而不是錢。

爭執誤會：問題可能非常大但同時也難解決，千萬不要硬碰硬，其實問題經過思考後會有很清晰的解決方案，只要未來不要再犯，爭執會逐漸緩和下來，主動去解決問題是好的面對方式，但切勿「過度激動」與「操之過急」，否則將適得其反。不履舊誤，應對有度，是最佳應對策略。

分手復合：將會出現明顯且極短暫的復合契機，但你必須放下你原有的傲氣與面子，在平等的角度上溝通才有機會，時效性很短，就像抽獎有機會卻也很渺茫。你必須打開你所有的感官來鎖定這個機會，一旦抓到成功率非常高，但準確抓住的機會非常低，得預先考慮失敗後的心理調適。

塔羅建議：困擾自己以久的事件出現改革的曙光，請把握機會一舉扭轉局勢，有升遷的機會，但同時也必須承擔責任，「欲戴王冠必承其重」，抓住目標，努力實踐，方得成功。劍一是一張大變動的牌，如果你拒絕變動，反而會讓自己處於十分尷尬的狀況。隨著風向「順勢而為」是最佳方案。

寶劍二
Two of Swords

盲目的選擇、最好都別選

事件狀況：這是一個持續被擱置的狀況，目前下決定非常艱難，但繼續拖下去可能會更糟糕，形成進退兩難的局面。別硬選了！用新的思維看待問題吧！會有截然不同的新點子出現，請用「第三方」的角度來讓自己脫離「當局者迷」的困境，問題並不難解決，只是在這個當下沒想到而已。

單身尋覓：目前出現幾個對象但你沒有行動，因他們在根本上並不適合你，所以會繼續單身，千萬別為因孤單而隨便亂選，交了一個不適合的對象會比單身還糟糕。目前該做的是尋找視界外的目標，打開自己的眼界與生活圈才有機會找到適合自己的人。

伴侶戀愛：兩人之間出現分歧，雙方同時都忽略了什麼，只用最主觀的意識在判斷對方的對錯，原本相愛的兩個人也會陷入懷疑之中，開始出現「迴避問題」、「逃避溝通」等現象，雖不嚴重，卻是交流窒礙的開始。跳脫原既定印象，用公平的上帝視角看待雙方，感情之路會較為少顛簸。

事業工作：事業面臨分歧，在思考留下與離職之間，這份工作已經磨掉了你的耐心，也讓你看不到未來，現況的你雖有離職的想法卻也同時沒有果斷離職的決心，現實面讓你不得不在去留間徘徊，內心是缺乏安全感的。應對方法為尋求第三方建議，從前輩、智者、老師等尋求解決方案。

人格個性：非常自相矛盾的性格，看似極度開心私下下卻極度悲傷，自我戒心很高，很難親近，對其過於熱情可能遭到損害，對自己的未來較為絕望，總期待著有誰能出現改變自己的人生。這樣的人還是有些優點，如不容易受騙、耳根硬、威脅性低等。適合從事「反覆繁雜」的工作。

機會財運：目前看到的機會都不是真的機會，不要去嘗試也不要緊握著不放，須放下手上的機會才能重新擁抱新的機會。博弈投入方面自己的原來想嘗試的標的都沒有什麼機會，必須採取全新的方式才能稍有改善，與其如此，不如好好守住資產，想清楚了再去做。

爭執誤會：兩人各自有各自的想法，隔閡逐漸加深，越相處越累，越看不到未來，為小事爭執的很頻繁，大事也逐漸不溝通，長此以往感情危矣！別再逃避彼此之間的問題了，先了解自身問題。從自己身上開始解決，才能把遮蔽自己視線的布掀開，找出爭執的癥結點，千萬別擱置問題。

分手復合：兩人因為巨大的理念不合而分開，且有一方完全選擇逃避接觸，所以復合機會是微乎其微，目前的狀況只能先想辦法維持穩定的弱聯繫，不要再去想要說些什麼來改變局面，只要聯繫還在，就有細微的希望，這段時間若能讓自己有重大突破或自我提升，那契機將會自然出現。

塔羅建議：別把問題當作非黑即白，而是多元且有多角度的調整修正空間，經多次占卜實證，抽到該牌又沒有其他好牌搭配，那便是不要做選擇，兩個方向其實都是錯的！應思考「脫離策略」或「第三個選項」。若是硬要只從做與不做之間來選，反而可能讓問題反噬其身。

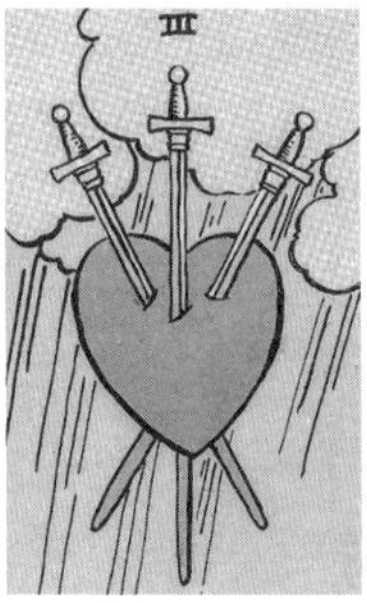

寶劍三
Three of Swords

會呼吸的痛、生悶氣

事件狀況：進入停滯期，做什麼事都提不起勁，就像一個呼吸很微弱的病人，對於外界發生的任何事情都會聯想到自己曾經的錯誤，常哀聲嘆氣，對人生失去興趣猶如行屍走肉，腦中只有不斷浮現的過往悔恨，情緒十分脆弱，處於崩潰邊緣，受不得一點刺激。想讓事態好轉，必須先好好冷靜下來，緩和自己混亂的思緒。

單身尋覓：由於過往的失敗經驗累積，進而造就了自我懷疑的人格，與新對象接觸時，難以展現吸引力，更甭說交往了，會繼續單身好一陣子，直至自身走出陰霾後才有可能，若是僥倖遇見好的對象也會很快搞砸，愛別人之前必須先愛自己，把自己的心收拾好，才能好好的愛人。

伴侶戀愛：由於過往接連不斷的問題積累，兩人的感情已經命懸一線，偏偏此時又有新的矛盾產生，長久以來兩人的溝通並不對等，總是屈就一方，現在面臨崩潰，也算是因果輪迴，被愛的人有恃無恐，但愛你的人即將離開，面對此頹勢，得立即照顧對方的心情，把關係拉至平衡為先。

事業工作：工作環境糟糕，讓你灰心喪志，卻又因現實層面而無法勇敢離職，陷入了持續痛苦的局面，身心靈都受到打擊，對人生也失去動力，上班就像被驅趕的駝獸，非常勉強。應對策略是想盡辦法先請假好好休息，評估這份工作的未來性與持續性，收假後好好做出抉擇。

人格個性： 對自己十分沒自信，同時也覺得社會很不公平，自己委屈無法得到紓解，開口閉口都是負面言語與怨嘆不公，這樣的人相處起來很辛苦，一個不小心還會被他拖下水，要特別留意。硬要說優點的話還是有：以「不具威脅」、「非競爭者」兩點最為顯著。具有協助墊底的功能（誤）。

機會財運： 個人散發出一股黯淡無光的陰沉氣場，所有的好機會都會自動避開，只有陷阱與賠錢的機會會出現，別在此時相信抓住機會能逆天改命，很可能最後連小命都快不保。博弈投入方面因運勢低迷或前面已經虧損太多，建議完全放棄，什麼都別去做反而可以大幅降低虧損。

爭執誤會： 這次的爭執在兩人的關係上留下一道很深的傷口，雖並不致命，但持續出血，不斷的消滅你們之間的愛，距離結束已經越來越近，此時必須趕緊彌補，放下過往應對的姿態，改用更有誠意與友善的模式相處，情況稍有好轉後找一個僻靜的地方，好好的深情告白，會有轉機。

分手復合： 兩人之間還有愛，但是很累，因為這個累已經超過半年以上，壓力逐漸大到對方無法釋懷，其實這段感情雙方已經很努力了，無奈太多不可抗力與長久的關係不對等，最後演變成咬牙分手的局面，這不是偶然發生而是苦撐許久，因有人不想重蹈覆轍，所以要復合非常困難。

塔羅建議： 寶劍三帶來的痛苦並不致命，卻綿綿長長，難以痊癒，常見是感情的失敗與工作的挫敗所衍生，但我們必須了解，這樣的情緒並不能讓我們更好，反而可能讓我們的能量越來越衰弱。其實捫心自問，我們當下已經盡了全力，無奈結果不如預期，最後能做的只有「概括承受」。

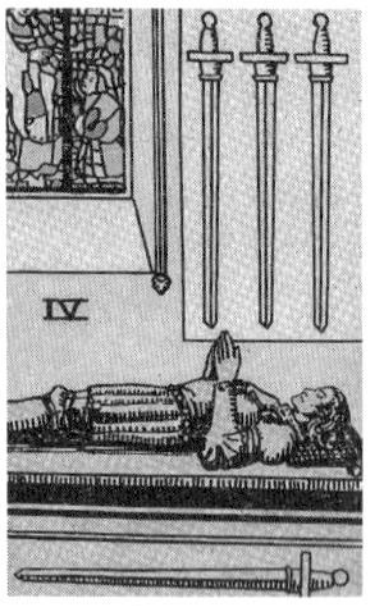

寶劍四
Four of Swords

急事緩辦、偃旗息鼓、靜心思考

事件狀況：千萬別急著想解決問題，三思而後行是最好的方式。你雖然遇到有點棘手的狀況，但這個狀況打不倒你，對你也沒有立即性的威脅，但過去積極處理反而適得其反．讓自己靜下心休息吧。事緩則圓，以等待換取未來更大空間是目前最有利的應對方式。

單身尋覓：必須單身一陣子！其實你還不知道自己想要什麼樣的人，只覺得有對象就行，但其實寧缺勿濫才是真的！好好思考自己到底想要怎麼樣的愛情，別再將就，別再濫情，直至真正明白自己的需要後，才能遇見自己理想的對象，此時躁進行動只會搞砸，得不償失。

伴侶戀愛：感情進入了「乏力期」，關係如風中殘燭岌岌可危，兩人可能沒有明顯的分手意圖，但卻對彼此都失去了熱情，轉而代之的是自我防衛意識與缺乏安全感，雖偶而會破冰，但也會快很的回到冰點，這樣的狀況讓兩人都很疲憊，卻又不是雙方努力就可以解開的狀況。

事業工作：建議立即採取「休假」或「離職」策略。事業面臨暫時難以突破的困境，周遭也沒有什麼自己人可以協助，你只能獨自苦惱。當局者迷，須讓趕緊讓自己遠離當下這個狀態，才能重新統合混亂的思緒，避免正面應對問題，而是以思索最佳的破局方案為優先。

人格個性：沉默寡言，默默做事的人，他們不喜歡太多的人際關係，更厭惡職場的勾心鬥角，最不喜歡那些在他們有所成就時才來趨附的小人，優點是能沉的住氣，不怕孤獨，難事也可以獨立作業，能力算強，但因習慣單兵作戰，缺乏化解僵局的能力。適合擔任：「資安、網管人員」。

機會財運：暫時沒有什麼顯著的機會可以把握，不如好好休息，從自己的思考中找到屬於自己的機會，這陣子別人介紹的暫時都不會是好的，仔細聆聽自己的聲音吧。博弈投入方面，暫時先不要做任何大動作，好好休息過陣子會有好的財運出現，但明顯不是現在。

爭執誤會：爭執是暫時的，但同時也是無法立即解決的，讓彼此靜一靜吧，一定有能好好化解吵架的方法，但你目前想不到，只能靠時間換取空間。另一處理方式是一起去安靜的地方體驗新的事物，例如靜謐的美術館、放鬆舒服的雙人SPA、無人的海邊等，藉由共同體會來化解矛盾。

分手復合：兩人之間還有感情，但分手的當下太過於刻薄，導致無法立即展開復合，需要一段時間的沉澱才能讓兩人想起彼此的好。在這段等待期間也不用完全閒著，可以好好回憶兩人美好的時光，將其化為文字語言，間接的請朋友在不經意間傳遞給對方，會有奇效。

塔羅建議：事緩則圓，急事緩辦，抽到寶劍四仍執意快速解決的人都不會達到目的，反而是認清自己當下確實無能為力，審慎地去思考解決方案，請益第三人等，才能讓事情順利落幕。有時候我們必須讓自己先遠離風暴，才能好好思考如何破解風暴，不然身處其中，都是漩渦亂流而已。

寶劍五
Five of Swords

爭奪、新的對手、競爭者

事件狀況：目前狀況開始複雜化，各路的紛擾接踵而至，你處於問題核心卻只能眼睜睜的看著事態惡化，無能為力。有一種被迫被丟進羅馬競技場決鬥的感覺，非常被動，卻只能無奈接受。此時能做的僅有讓其感覺贏得勝利，在狂妄自大下自己出錯，屆時適時出手挽回局面即可。

單身尋覓：非常難脫單，因目前出現的對象有許多的競爭者，而你只是滄海之一粟，本身也不是特優，更可能是敬陪末座。要提升自己的競爭力唯有「自我體悟」與「自我提升」別再羨慕別人都能輕易有對象，這場比賽輸了沒關係，針對自己的缺點去改進，放大自己的優點下次就會成功。

伴侶戀愛：由於持續性的小事爭執耗損這了這段感情的堅韌，雙方逐漸開始只爭輸贏不看感情，都想節制對方，讓其乖乖就範。殊不知這已經不是愛情而是自私自利。若想修復須找回當初兩人相識相依的原因，強勢一方擁抱弱勢一方，用新的承諾與實踐來重新找回感情的穩定性。

事業工作：充滿對手的職場，各顯神通想把你給比下去，是一個高壓的職場環境，除了工作本身之外還要被迫應付討厭的人際關係讓你感到挫折，你不怕困難也不怕失敗，但就是不想去處理這些人帶來的紛紛擾擾。此時小心做事低調做人是最好的方針，讓人抓不到把柄就能安然度過。

人格個性：有一些能力，卻又驕傲自滿的人，在團隊中喜歡爭強爭勝，在職場喜歡追求名利，有什麼比賽競爭自己非要拿一個好成績不可，甚至用盡手段都要達成，常常贏了面子輸了圈子。做人處事比較不留餘地，不在乎他人感受，優點與缺點並存的是求勝心強。

機會財運：因為之前的成功讓你覺得你的人生充滿了機會，但其實剛好相反，先前做得太極端已經出現了許多的埋怨與危機，此時的你不會有什麼更好的機會出現，就連守住成果都開始變得困難，該好好檢討自己的行事作風，圓融一些為好。博弈投入方面會輸到底，不如安分守己以待時變。

爭執誤會：勝者喜無所依，敗者黯然自泣，這是一場兩敗俱傷的爭執，且已經有一方無再戰之力，開始尋求外界安慰，聽取閨蜜兄弟的建議，讓原本就風雨飄搖的感情更添波瀾。此時必須放下輸贏，拉下面子與對方溝通，遠行出遊迴避外界干擾，從彼此長遠的角度來處理問題，才能緩解。

分手復合：兩人之間感情所剩無幾，幾乎沒有復合的可能，當初分手時沒給對方留餘地，現在後悔也來不及，放棄吧。若是硬要想辦法復合，只能放超低姿態求和，忍受謾罵與指責，直至對方消氣，才有一絲被原諒的契機，此法容易得不償失，復合後也只能屈居對方之下，慎之。

塔羅建議：這是一張瞬息萬變的牌，不如預期的結果突然襲來，資訊量大讓人應接不暇，完全顛覆了先前所有的預期，出乎意料外還夾帶著失望與痛苦。此時該做的不是怨懟跟檢討，而是去思考後續該如何作才能讓問題減損，事已至此，好好善後吧。緩解爭執的方法就是你自己不要陷入爭執，以良好的心態去處理問題。

寶劍六
Six of Swords

脫離紛亂迎向新生、撥亂反正

事件狀況：先前遭遇的困難跟痛苦逐漸過去，但後續仍需時間療養身心，好好地處理手邊該做的事，盡量不要讓新的問題萌芽，好好過日子就能度過這段時間。別急著想要完成什麼，此時不會是好的決策時機，只要維持正常生活，很快就能擺脫過去，穩穩的「把握當下」才是真的。

單身尋覓：由於過往的傷害沉重，目前還在療傷期，就算出現新對象也沒心力去接觸。現正處於走出陰霾的途中，別太著急進入新感情，也別太依賴陪你走出傷痛的朋友，如果此時草率的談了戀愛，大概率又是一場風風雨雨，只是徒增煩惱而已，你需要自癒後，才能重新擁抱感情。

伴侶戀愛：好好保護這段感情，畢竟兩人是度過了一段風暴才好不容易在一起，嚴防過去的人事物滋擾，有時候不公開戀情也是一種認真看待戀情的方式。若一方是網紅、名人、藝人等更容易無故受到大眾指摘，很難把精神放在對方身上，對感情本身沒有一絲好處。請找出最適合保護這段感情的方法，並好好落實。

事業工作：你才剛經歷一場工作困境或剛剛離職，要到達順境還有一段距離要努力，很多好的改變都是在細節上積累而成，記住「積小勝為大勝」的道理，不斷的突破眼前的小難關，好好衝刺一陣子再抬頭看看目標，會赫然發現距離達成的日子越來越接近了。

人格個性：背負著沉重過往的人，不苟言笑的背後藏著許多故事。與這樣的人相處要只要別觸碰到他的敏感神經，是還算能相處的人，但其個性很難徹底放開來，總是有心事悶著，若你能讓他徹底放下心防開懷大笑，那他會視你為獨特的對象，並對你敞開心胸，進而無話不談。

機會財運：剛從一個很糟糕的地方脫離，好的機會必須等你先除掉身上的濁氣與固有念想才可能出現，目前就好好的低調洗滌自己的身心靈吧，機會在未來不在現在。博弈投入方面，先前輸太淒慘，現在也別去想要如何凹回來，而是該好好檢討之前哪個環節出錯，找出來再嘗試會比較好。

爭執誤會：「三思而後行」衝動解決不了問題。現在思緒一定很混亂吧，你必須找回理性才能處理問題，否則依照本能的行動只會讓事情更糟糕更難以收拾，千萬別上網發抒情文，或轉貼扭曲觀點的限時動態，感情是自己的，別依照什麼偏方來處理問題，而真正的答案其實你早已明白。

分手復合：以「回不去了」來形容最為貼切，兩個人已經漸行漸遠，你卻遲遲無法放下，就算對方已經有新戀情，你也認為自己還有機會，想靠著守候與等待來換取空間，別傻了！一切都結束了！把努力與耐心和最好的對待，留給未來的另一半吧！This is the end！

塔羅建議：寶劍六其實有顯著的「木已成舟」意象，它意味著很多人事物已經無法改變，且正逐漸離我們而遠去。的確！這樣的感覺非常難以承受，但我們只能保存自己僅有的美好，到新的地方重新開始，有時候眷戀往事就像背著沙袋行走，越走越累，還可能連累未來同行的人。

寶劍七
Seven of Swords

趁虛而入、虛偽詭計、騙局

事件狀況：當心在檯面下發生了許多你完全不知道的事情，你不僅被蒙在鼓裡，甚至於被利用的徹底卻還渾然不知，周遭有一位人，在那善良的面孔下是你完全無法相信的灰暗，好好靜下心來，想想自己疏漏了什麼區塊，目前這不良狀況發生最主要的原因到底是什麼？別相信人表面上的模樣。

單身尋覓：繼續單身的機會較高，因為你周遭有「戀愛小人」，他們會設局與造謠煽動，讓你難以脫單，其目的不為了什麼，僅僅是自己的「八卦性格」與「見不得別人好」劣根性，驅使著他們惡劣的行徑，不只針對你，他們也老早拆掉了你周遭的好幾對準情侶過了。記得務必遠離「見不得別人好」的人。

伴侶戀愛：兩人之間存在欺騙與隱瞞，若搭配其他匱乏牌出現，更有出軌的可能，對方可能瞞著你正私底下進行著不為人知的事情，你苦無證據束手無策，只能坐以待斃。若是搭配好牌出現，可能只是有一些事情對你隱瞞，或是善意謊言，經過良好的溝通後通常會說出來，並恢復雙方信任。

事業工作：業績或功勞可能被人暗槓或搶佔了，你只能眼睜睜看著他得意卻無能為力，別對周遭的同僚訴苦，因為他們也可能是對方的暗樁，現階段必須提升警戒心小心做事，並與其不再沾邊，損失已經實現，再去追究反而對自己有損，放過這次的輸贏，焦點著重在未來更大的勝利吧。遠離小人，不給可乘之機。

人格個性： 八卦性格，為了獲取小道消息不惜出賣別人的秘密來換取，當自己手上並沒有足以兑換的相應資本時，會以捏造編織等方式製造假消息，誣陷他人只為了滿足自己的私心。本身很容易介入別人的感情，且不覺得有錯反而覺得是自己的本事。優點是「厚臉皮」、「情報豐富」。

機會財運： 由於周遭充斥欺詐與詭計，不容易會有好的機會出現，取而代之的是個多的危機偽裝成的機會等你上鉤，此時須步步為營，千萬別做大抉擇或大改變，關緊自己的嘴，低調度過這段時間。博弈投入方面充滿了騙局，別相信別人編織的美夢，若不甚涉入，將會是場難醒的夢魘。

爭執誤會： 兩人必須無保留的把話説開，有什麼隱瞞跟沒説的一次好好的説清楚，坦誠相對才能重拾信任，若扭扭捏捏要説不説，爭執會越演越烈難以收拾，拿出你的態度跟歉意，徹底溝通才能化解紛爭。別想著美化，隱瞞真相粉飾太平，那只會讓人感到噁心。

分手復合： 兩人之間曾有很強烈的「情緒糾纏」，過去一方被愛有恃無恐，一方則是活在謊言中，那種壓力與窒礙讓這段感情留下的印象都是壞印象，所以復合的契機也早已瓦解消逝了。硬要復合只能試著重現之前交往時那最美的場景，置換壞印象才有機會，非常不容易。

塔羅建議： 「認列損失」與「接納失去」是應對寶劍七的最佳策略，由於自己太過於疏忽讓原本微小的裂縫逐漸成為裂痕破口，進而讓外力有可乘之機，事情已經發生，與其不斷悔恨過去，不如想想自己未來面對相同的狀況如何避免，無論是感情工作，吸收經驗越來越好才能走向圓滿。有些人事物，不可不防。

寶劍八

Eight of Swords

困局、自我設限、畏懼不前

事件狀況：進度受限，原本大刀闊斧行動的你，頓時停下了腳步，轉而面對的是陌生的狀況，長久以來仰仗的經驗已經派不上用場，你也被恐懼影響難以施展，只能躊躇原地，不敢前進。現在的你就算硬去嘗試擺脱現今框架，也無力回天，因為你的心態已經僵固化，陷入了故步自封的局面。

單身尋覓：過往對感情的負面印象讓你已經處於放棄的狀態，你選擇封閉自我遠離社交，有喜歡的對象也只敢在遠處觀望，害怕受挫的恐懼壟罩著你，讓你不敢追求自己的幸福。要擺脱這樣的狀況必須自我覺醒，努力改善缺點，並下決心去立一個目標才有機會完成，但很可惜現在做不到。

伴侶戀愛：有太多外力介入讓這段感情，非常不被看好，如「父母反對」、「閨蜜看衰」，有想過分手卻跨不出那一步，成日懷疑自己的選擇，無論是誰在這樣的狀況下都很難把感情談好。傾聽自己的內心，歸零思考，屏除外人的意見，單單的只看你跟對方是否值得繼續攜手同行，將有答案。

事業工作：周遭同僚各懷鬼胎，等著你犯錯好踩你上位，別把對公司的想法或心事告訴他人，只會被人加油添醋傳出去成為損害你的謠言。現在能做的只有小心行事，慎防陷害。若是有合夥做生意則須提防對方心存異心，想一人吃下或自立門戶，不可不防。慎防財務造假掏空或轉移財產背信等問題。

人格個性： 作繭自搏的人格，對於什麼事情都很小心，深怕自己虧了，對於感情也是類似的表現，在團隊中是不好相處的存在，情緒上有很多紅線，誤觸其敏感神經會被遭反噬。優點是能守成，但必須是非他努力的成果，如繼承、彩票或意外之財等。因過於沒行動力且不夠勇敢，本身沒有創業能力。

機會財運： 機會有耳聞卻不敢接觸，覺得自己人生就這樣就好，不願意再去做任何突破，所以是聽著有機會，實際沒機會的情況。博弈投入方面就罷了，現況信心不足自然氣勢虛弱，不是好的時機。因為過往的厄運讓自己失去了自信，就像套牢的股票覺得不去看就裝沒事一樣。

爭執誤會： 兩人因為只知道吵，卻不知道在吵什麼？就單純的想吵贏，其實爭執非壞事，而是發現彼此的差異與調整的好機會，請仔細研究爭執的本質是什麼？為什麼會有這樣的矛盾產生？釐清問題後就可以得到緩解，別爭輸贏！互留餘地，別忘了你們是伴侶不是仇人。

分手復合： 雖還有眷戀，但復合機會渺茫，兩人都覺得對方是一種負擔跟綑綁，還有看不到未來的感覺。硬要復合的話雖然沒有什麼機會，但若能用心觀察彼此，其實爭執都是從認知落差來的，就是當下不能包容差異吵架才有今天。別想了，沉澱沉澱吧。你也知道就算復合了也沒有未來，何必強求。

塔羅建議： 寶劍牌組中，艾克認為最棘手的牌就是寶劍八，因此牌不願改變的桎梏力量非常強，會使其封閉自我隔絕一切，外力根本難以撼動其分毫，面對這狀況就算靠時間，效果也是杯水車薪，唯一的解方就是自己奮力大蛻變，進而間接帶動使其主動卸除枷鎖，才有可能脫離這個困局。也有「故步自封」之意。

寶劍九
Nine of Swords

噩夢失眠、焦慮神傷

事件狀況：這件事的精神性疲勞超越肉體疲勞，且不是做什麼樣的努力就能改變，此事對你有深遠的影響，也因為過往的挫敗，導致你無法全力應對現在這個狀況，也不敢尋求外界協助，沉浸在困擾之中，無法自拔。若要有所突破。必須勇於面對問題，尋求高人指點才能走出泥淖。

單身尋覓：單身這件事是你的短版，也是苦惱你已久的問題，你的對於對象的渴望非常深厚卻也非常苦手，寂寞已經侵蝕你的生活，影響你的睡眠，開始不願意相信自己能找到伴侶，什麼行動也不敢實施，只能望洋興嘆，望穿秋水。此症狀需自行克服調適，外界難以援手。可循求「專業心理諮商」或「智者對談」來調節。

伴侶戀愛：這段感情給你的精神壓力非常大！大到你隨持戰戰兢兢，無一刻敢放鬆，就像越拉越緊的橡皮筋，即將瀕臨極限，伴侶對你的要求甚多，你也拚了命在追逐，卻總是無法完整達成要求，只能把自己越壓越小，身心靈一切感受都操之在對方手上，非常被動且充滿窒息感。

事業工作：這份事業不僅沒有增長性，且完全看不到希望，但你又迫於現實不得不咬牙硬撐，現實與理想的拉扯讓你感到沉重且疲憊，但同時你也深知無法改變現狀，畢竟外部問題的調整權並不在自己的手上，此時建議多接觸舒緩放鬆心情的事物，讓自己更有彈性才能度過這段時間。

人格個性：經常性失眠患者，容易在白天睡著，早上看起來沒精神，上班了也沒精力，人格方面喜歡強調清晰的溝通，將事情澄清明確。然而這種強調清晰度的傾向，有時可能導致其在表達意見時，顯得過於嚴厲苛刻，導致朋友很少，生活圈大多是曾想與其接近，後又疏遠的人際關係。

機會財運：沒精神的人，就不用想什麼賺錢獲利了，好好休養好自己，能量恢復了才會有機會，現階段若強行去賭去試運氣將會得到一個難以控制的損失，切忌躁進衝動，背後要付出的代價絕對超乎你的想像。現階段別做徒勞之事，唯有養精蓄銳後才有成功之機。

爭執誤會：此牌出現時，常伴隨著委屈發生，主因為溝通不足或自己受到誤解所衍生。建議面對這些爭執時保持冷靜，尋找解決方案的同時，以理性的方式進行溝通，避免情緒化的反應，此時最容易出現精神內耗，盡量別讓心理影響生理，睡場好覺，一切睡醒再想。現階段無力做什麼辯駁，只能養好精神再來想辦法。

分手復合：感情正經歷著一段艱難時期，同時也是在考慮復合的過程中。建議在這個時候冷靜思考，評估雙方的需求和期望，並以理性的方式處理感情的轉變，此時若心態兵荒馬亂則複合機率趨近於零，唯有臨危不亂，才有一線生機。由於身心狀態極度不佳，復合機率僅 10-20%。

塔羅建議：噩夢牌的揭示，目前的遭遇並不好過。若面臨分手，要冷靜評估關係的現狀，不著急著做出決定。若要復合，則需要坦誠地討論過去的問題，確保雙方都做好了相應的改變，再著手進行。以冷靜和理性的態度處理衝突，最大的核心重點在於情緒的穩定。工作占卜抽到建議離職。一切以修復精神狀況為優先。

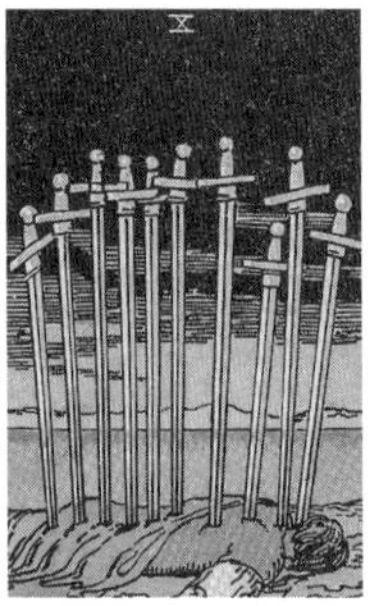

寶劍十
Ten of Swords

終止結束、絕望敗亡

事件狀況：難以改變的狀況，如未搭配更好的牌同時出現時，幾乎完全無法干涉與改變這件事情，只能做好承受與面對的準備，事情將走向終止的方向。唯一的調節方法是延緩事情發生的速度，有極小的機會能以拖待變，但其強大的風元素變動之力會使你難以維持局面。

單身尋覓：別找了！其實一直以來就沒準備好正確的戀愛心態，就算認識新的對象也會馬上搞砸，不如就好好休養生息，培養自己的心性，待有所提升後才會找到適合的對象，此時若隨意進入一段關係將會是一場很快結束的短途。尋求戀愛幸福的朋友們經驗分享才是目前該做的事情。

伴侶戀愛：兩人在一起的繫絆已經被撕裂，分手已經是箭在弦上的事，有一方已經無法承受對方的負面情感，傷害已經深刻難以抹滅，任何彌補的行動就像是對屍體止血一樣沒有效果，只能放過彼此，莫再糾纏。唯一的應對方案是不激化對立，做該做的事，冷靜度過這段時間。

事業工作：工作遭遇瓶頸，事業經營面臨危機，由於先前錯誤的作為與佈局讓自己陷入了難以掙脫的泥淖之中，現階段越是嘗試擺脫則越容易越陷越深，現階段做的只有盡力去解決自己可以解決的小問題，盡力做到最好。此時此刻請放下身段，不吝請求貴人襄助以度過這個關卡。

人格個性：自我否定的低自尊人格，卻也同時是高自尊需求的人，對於被在乎被重視有極高的要求，會不自覺的與他人比較，索求扭曲的平等，什麼樣的好事都可以想成壞事，能量再強再樂觀的人與其長期相處仍會被削弱！本以為只是凝視深淵，最終卻演變為身處深淵而難以自救。

機會財運：所有的機會都是奢求，現在的你因為能量過低，無法接住任何機會，且同時那些偽裝為機會的騙局將會積極的向你靠近，讓你在摸黑的情況下嘗試抓住它們，最終得不償失。博弈投入方面請暫時戒除，碰都別碰，此時所有靈感與奇蹟都是虛假的，別被蒙蔽，否則損失更慘重。

爭執誤會：目前難以解開，請不要再撕裂激化對立，也別嘗試溝通或解決問題，不僅會徒勞無功更可能惡化現況，只能擱置問題，盡力阻止情況惡化外別無他法。謹記採用溫和的語氣與柔軟的態度來應對，當面臨指責與怨懟時，用平和的心去承接，並絕不嘗試改變當下的狀況。

分手復合：幾乎沒有機會，兩之間的感情曾經非常強烈，卻已邁入的尾聲，所有該做該改該嘗試的你們都盡力去做了，這是長年積累而來的結果，無立刻逆轉的可能性。硬要想辦法的話只有創造不曾做過的事才有些微可能，畢竟劍十代表過去已經終結，唯有未曾有過的嶄新可以突破。

塔羅建議：劍十的匱乏能量非常強大，除非同時抽到正能量的大牌搭配，否則事情往往都會因為自己的過度處理而成為不可逆轉的結果。與其干涉不如接受現況，維持自己的情緒穩定，節制自己停止無意義的胡思亂想。接納已經失去與失敗的人事物，在身心靈層面好好提升，以嶄新的姿態重新降臨，是最好的應對方式。

寶劍侍從
Page of Swords

嶄新的啟程、初心、共同成長、蓄力而動

事件狀況：目前不確定性非常高，你必須小心留意與警戒周遭，讓自己處於隨時能面對意外狀況的狀態，此時就像一個剛點燃的小火苗，一個風吹草動都可能使其熄滅，是好事多磨的開頭，照看好就能繼續成長茁壯，避免敗在「簡單疏失」跟「粗心大意」之上，小心呵護步步為營是上策。

單身尋覓：需行動才有機會。寶劍侍從的出現可能意味著你正處於尋找愛情的新階段，並代表著思考和分析的能量，建議你在單身時尋找那些能激發你思維的人，保持開放的心態，尋找對你來説具有吸引力的智慧和靈感。這是一個學習更了解自己和他人的時刻，也是一個嶄新的開始。

伴侶戀愛：兩人之間有一些小爭執與碰撞，但並無大礙，此牌提醒你們愛情中持續學習和成長的重要性，包括與伴侶建立更深層次的思想交流，共同追求新知，並在注重於思考的層面。透過共同的「學習與體會」，你們的關係可能變得更加豐富和有意義，也能走的更長遠。

事業工作：遇到一個新的學習與挑戰，通常是剛接觸或是剛轉任新崗位，請以「歸零學習」的心態尋求熟稔此事物的前輩或幹部指點。這是一個開始追求新技能或知識的時刻。你會感受自己對解決問題和提出新觀點的熱誠與渴望。有助於你在事業中取得更大的成功。升遷方面還需經驗積累。換工作方面可以先觀望看看。

人格個性：思緒敏捷、充滿活力與好奇心的人，喜歡學習新的事物，並且擁有新觀點看待事物的能力，在團隊中屬於創新者，朋友圈中常常會是第一個發布最新科技產品試用心得或是第一個探新店美食的人。缺點是好奇心過度，太愛問八卦易遭人嫌惡，還有因愛嘗新而受騙機會很大。

機會財運：此牌意味著新的機會即將到來。這可能是一個學習新技能、投資或探索新領域的良好時機。考慮參與具有發展潛力的項目，加入能夠提升自身價值的研習圈，將有助於你在財務方面取得更多的成就。博弈投入方面可以嘗試新的介入方式，小試怡情，見好就收即可。

爭執誤會：請以冷靜和明智的方式釐清誤會，並以理性的方式解決爭端，深入理解彼此的立場，在解決衝突時不要受情感影響，而是用合理的思考方式處理問題。這將有助於建立更加安定和健康的人際關係。此牌通常代表小打小鬧，只要能正確處理，問題不至於會擴大下去。

分手復合：若搭配「情感介入排組」且與「沉重負面牌組」同時出現，則非常可能對方已「另結新歡」，此時你出手挽回機率很低，或已覆水難收。因這段感情開始十分草率，並在深刻了解對方後分手，復合十分困難。硬要嘗試的話可提出「共同學習邀約」如：健身房、讀書會、做菜等尚可一搏。

塔羅建議：寶劍侍從鼓勵你不斷追求知識和成長。理性的思考方式將有助於你克服挑戰。此牌也同時建議你尋找新的機會，勇敢面對問題，並不畏懼變動與改變。在愛情中與伴侶「共同成長」，能使你們關係更加緊密，也能減少無謂虛耗，注重在一起變好之上。此牌另有「無立即性危害的危害」存在的可能，可預做提防。

寶劍騎士
Knight of Swords

衝鋒、急於求成、階段性的成果

事件狀況：別急於求成！欲速則不達，這件事已經努力過一段時間，現在的狀況不容你臨時改變方向，請堅持最初的選擇，不要受到外在環境的干擾，要有自己的判斷與堅持力，終點就在遠方，你必須策馬前行，不疾不徐，把該做好的事做好，方能到達自己理想的地方。

單身尋覓：放緩你的步調，把讓你忙碌煩躁的事先暫緩，否則你根本沒有時間去好好認識新對象。不要被感情蒙蔽雙眼，而是要不帶美化與偏見的看待你的感情需求，放下那些所謂你曾經喜歡的對象，他們並不適合你。適合你的人還在等你發現他，現在啟程去追尋適合你的人吧！該是動起來的時候！

伴侶戀愛：兩人之間是競合關係，有點互相督促求進步的樣子，雖然常常拌嘴但感情深度還是維持在不錯的狀態，親密關係也非常契合。你們千萬別太著急進入下一個階段，或是希望對方趕快有所改變，感情中很多事情只能慢慢修練，急於速成只會徒增對方很大的壓力。

事業工作：目前處於一個充滿競爭的環境，你身在其中十分忙碌，甚至有一點疲於奔命，此時若你狀態不好將馬上被甩出軌道，必須保持精神集中，專注解決手頭上遇到的大小問題，用披荊斬棘的心態，快速解決逼面而來的狀況，過程或許辛苦，只要不鬆懈，終會有所成就。

人格個性：一方面是急性子，另一方面也是能很快下決定實行的人，對自己所選擇的方向很有信心，有時在需要快速決定的狀況下容易取得成功，但在謀大事上，略欠缺耐心與縝密思考。做事情不拖泥帶水，但有時太快行動容易衝錯方向，變成徒勞，致這樣的人一句實用的話：「謀定而速行」

機會財運：經由你過往的努力與堅持，現在升遷與獲利的道路上，但不會太快到來，此牌意味著不能著急，就算打一場穩贏的仗都得循序漸進的打才能功成，別想著抄捷徑，就不會吃虧。博弈方面可以打開自己的感官，用最敏銳的思緒去高速選取標的，不做過多聯想，有小賺的機會。

爭執誤會：此牌提醒你不要陷入情緒衝動，千萬別心直口快幾句話就讓對方崩潰。講話前先約束自己的尺度，控制著急的情緒，以防止衝突進一步擴大。盛怒時腦中難免會飄著幾句惡毒的言語，請忍下來，並敞開心胸的展開和平對談，才是最能化解爭執的要素。收斂你的刀鋒他不是斬愛人用。

分手復合：因為雙方衝突過大，不太容易復合，請冷靜下來分析你的剩餘的優勢，並嘗試著手進行二次吸引。不要被情緒左右，更不要愛面子。此時拿捏分寸是非常重要的事，哪怕是在對話中取得好感，進而實際見面，都要收放有度，步步為營才能有復合的可能。整體因受三觀問題影響復合機會渺茫。

塔羅建議：上述所有占卜方向都適用一個應對核心就是「戒急用忍」，你會很希望在某件事情上出現好的轉變，或是你已經付出大量心力與時間，卻因暫時看不到成果而焦慮，此牌提醒你一切都是你耕耘的結果，在稻穗結穗前的辛苦與耐心是成就一件事的必備條件，小心呵護當下，會一點一滴變好！

寶劍皇后
Queen of Swords

冷漠、斷絕、獨立作業

事件狀況：請把你的專注力提至顛峰，目前的情況不容你再犯一絲錯誤，否則事情將會如脫韁野馬，越來越難以收拾，維持住目前的局面，掌握你能整握的部分，剩下交給時間，只要你能持續不犯錯的撐過這一陣子，那好事將會來臨，這段時間很痛苦很孤獨，你必須克服。

單身尋覓：由於過往的種種原因，讓你呈現自我封閉的狀態，內心深處渴望愛的火苗被你完全覆蓋，面對新出現的對象，就算喜歡卻也非常被動，此時你必須先治癒自己才能重拾再愛人的能力。別因為過往失敗的感情而捨棄自己原本的美好，你只是把對的感情，用在了不對的人身上。

伴侶戀愛：有「大爭執」與「分手危機」出現，若搭配排組無水元素相關，則必須趕緊修復溝通管道，以愛為出發點去思考問題。現階段你會很想改變對方，但請別這麼做，有時候一段感情的維持，靠的是自己的調整與改變。不要把兩個人的感情問題告知第三人或上網訴苦，只會更疏離彼此。

事業工作：習慣獨立作業的你，可以在現有的工作中表現的游刃有餘，但同時也因為你的單打獨鬥已經成為習慣，升遷之路艱難，且不適合與人合夥投資創業，也容易爭執甚至衍生法律糾紛。雖然你厭倦人際關係，但同時也必須明白這是事業不可或缺的一部分，敞開心胸將會更有發展。

人格個性：獨來獨往有距離感，不說話很像在生氣，表情不多有點面癱，由於說話言辭過於犀利尖銳，不僅沒什麼溫度，還容易得罪人。好朋友很少，彼此之間聯繫雖不熱絡卻還算穩固，一個人可以負責超過兩個人的工作量，但若與人搭檔，則工作效率驟降，還容易產生誤會爭執。

機會財運：目前沒有什麼好的機會會出現，因為你已經在一個相對好的機會中，其實要珍惜的是現況，而不是望向遠方去想一些天馬行空的事，好好把握手上的資源，加以活用就能有更好的發展。博弈方面，之前有小賺一些，現在反而是享受成果的時候，不一定要再押注，守成即可。

爭執誤會：你必須明白男女之間是有非常大的不同的，人跟人更是如此，唯有你能體會兩人之間不同的觀點與面向，設身處地從對方的角度來思考，才能理解對方那般反應的原因，知道原因之後你也不會再想要鬧脾氣鑽牛角尖，其實雙方都是很珍惜彼此的人，別因為一點小事而斷絕了。

分手復合：兩人之間已經過了熱絡期，也回不去了，你們之間殘存的只有情緒的拉扯跟早已涼透的心，你此時才想做的事情，最終仍會是徒勞無功，不要想著怎樣才能回到過去，「留個好印象」好好地結束或許才有一線生機。在皆為負面牌組中又抽到寶劍皇后幾乎是沒有任何機會的。

塔羅建議：寶劍皇后代表著很多事情都已經成為事實，就像土早乾了只是植物還沒完全枯萎，早在打哈欠了只是還沒去睡，無論是好是壞一切終將到來，此牌代表著過去疏漏或沒做好的事情已經無法挽回，結果的成績單擺在眼前，你只能收下，然後好好的訂正自己，重新出發。

寶劍國王

King of Swords

睿智、有策略的前進、排兵布陣、智慧解決問題

事件狀況：請用智慧面對問題，用「謹慎」取代「衝動」，用「先觀察」面對「現況」，三思而後行，不沉溺在非黑即白的解決方向，而是採用「逆向思維」因應狀況，若是面臨多數人都覺得困難的問題，反而只有你出馬才能解決，不用怕困難，迎難而上將使你更上高峰。只要問題的根本已經釐清，解決起來就不難。

單身尋覓：周遭桃花不少，也不缺相對優質的對象，但由於你太過於理性且聰明，一時很難出現讓你看得上的對象，對於伴侶的條件要求過於理想化，條件必須符合九成以上才會讓你產生悸動，那怕是這些條件都很平凡，殊不知多數符合乃是非凡，有時談戀愛稍微笨一點會比較容易脫單。

伴侶戀愛：雙方相處不好也不壞，是幾盡理性的感情，講白話一點就是各取所需，權衡利弊後的選擇，維持你們感情的主要原因並非是感情的本身，而是其他如財富或權利或便利等因素，説分手也很困難，畢竟雙方都有彼此需要的東西，説結婚也不容易，因為愛的成分略顯不足。

事業工作：上班族需留意上司的嚴格檢視，最好主動把能處裡好的事情預先處理好，盡量做在上司的要求之前，讓自己保持餘裕方可度過難關。企業主必須謹慎行事以面對目前的動盪，由於此牌帶著指揮屬性，對於老闆來説，必須要指揮團隊完成任務，而非親力親為，以保持自己的決策力。

人格個性：長官性格，善於發現他人的優點並為己所用，痛恨私生活被討論或公開，只喜歡就事論事，厭惡延伸過度的話題，在團體中喜好擔任領導，也特別能公正地處理問題，由於天生是主管的屬性配置，在基層工作會非常痛苦，易對重複性高與勞力密集的工作感到匱乏無力。

機會財運：有升遷或更上一層樓的機會，但你必須非常努力，因為有人正在鞭策你前進，不斷突破才能到達理想的目標，請蓄積你的能量與爆發力，打一場長期抗戰，只要你準備好，一切都會更好。博弈方面，睿智的寶劍國王並不會去拚機率，所以要拚請拚自己最有把握的方向。

爭執誤會：有一方的心理平衡出現的問題，源自在特定事件不受合理對待的狀況，通常會有「雙重標準」的糾紛伴隨，此時需大人有大量，以寬容的方式去理解受委屈方的感受，嘗試尋找雙方都能接受的改善方式，事情很快就能得到緩解，問題不大。

分手復合：主要因為雙方想要的方向落差太大而分開，除非能夠重新找回共識，否則非常困難，當初分離時也是理性超越感性的結果，現在要復合也是需要理性上覺得兩個人合適才有可能，這比一般的復合還要艱辛，且無法藉由感動復合。若硬要復合請從根本性問題上改變做起才有機會。

塔羅建議：寶劍國王是一位謀略領導人，很多事情在他面前都無所遁形，所以真不知該如何應對時，坦誠相見不失為一個好的方案。此牌同時也象徵著看待問題需要理性，勿死腦筋鑽牛角尖，放下固執，重新思考問題的本身，不要受情緒影響判斷，讓事情更加明朗化，才會更好解決。

錢幣一
Ace of Pentacles

穩定、昇華的愛情、掌握財富、止跌回升

事件狀況：事件趨於穩定且優勢會繼續維持，不好的事會止穩不至於繼續惡化，還可能昇華後轉化為一件較容易應對的狀況。當下或許沒有辦法釐清這件事情的本質，但經過一段時間的觀察與思考你很快能掌握問題的癥結，進而找出應對方針，事情會有轉機的，多點耐心。

單身尋覓：即將出現一段非常享受的感情，兩人情投意合，很快的就在一起，會在短時間一起經歷許許多多第一次的經歷！但缺點是可能虎頭蛇尾，很快熱絡同時也很快就膩了，若能搭配一點水元素「溝通與情感交流」與火元素「熱情與行動」補充，可以讓這段感情展開的更順利更長久。

伴侶戀愛：目前處於一個非常滋潤的感情狀態，雖然物質享受比例略高於情感，但此兩者仍為這段感情提供了一個巧妙的平衡，雙方各取所需且都願意照顧彼此的需求，是一個蠻不錯的感情狀態。但在長期維持下仍必須尋找雙方的共同目標，作為一起努力的方向，方能長遠。此牌也有人感情從愛人變成親人的意涵。

事業工作：無論是拓展業務還是開拓事業，近期都是你全力去衝刺的時候，把握這段黃金時間極可能讓你一月抵半年！上班族則是會獲得升職加薪的機會，工作環境也獲得提升。換工作方面如魚得水，新的待遇條件也相當好談，畢竟你已經歷雕琢與浮沉，就像一枚閃耀的金幣。

人格個性：是個成熟穩定的人，但同時也有點木訥、寡言，穿著樸實以深色或大地色系居多，在組織中處於認真苦幹實幹的人，與其為友或共事會是非常棒的好夥伴。感情中是一位負責任的對象，他會默默一肩扛起你們的未來，但缺點也是因不懂表達，常被誤以為在感情中沒投入心力。

機會財運：有不錯的小運氣接踵而至，要好好把握機會讓自己處於更好的狀態，好承接這些接連而至的好運波浪！博弈方面可以小試手氣，嘗試多標的多方面的方法，積小勝為大勝，獲利後切勿重壓否則可能一把輸掉所有獲利，得不償失。原投資失敗的標的也會止血，有小回彈的機會。

爭執誤會：買一些對方喜歡的東西加上真誠的致歉就能解決，爭執不太會擴大，盡量用和緩的語氣與聲調溝通，錢幣 A 代表著一定層面的穩定，所以大呼小叫跟哭鬧無法解決問題，需要謹記。若是兩人面臨巨大事件而爭執（如第三者或其他嚴重事件）時，抽到此牌其實問題已經原諒一半。

分手復合：情況雖不至於惡化，但也算僵固在目前的情況之下，假設目前已經是最糟的情況，還需要維持一段時間才有扭轉機會。若兩人常為了錢衍生的問題而爭執，則藉由提出生活保障或未來許諾會是較為合適的復合方案。兩人之間的情感連結還在，也可能是暫時性的假性分手。

塔羅建議：感情占卜的牌若沒有代表感情的大牌或聖杯系統出現，並僅有錢幣 A，則可能代表豐富的物質生活或充足的安全感，但兩人並沒有太深厚的感情，需要特別留意。此牌的好處是感情趨於穩定、工作會賺錢、賭運好運氣佳，但同時也帶有過於純粹的利益取向，需要增加水元素調節才會更美好。

錢幣二
Two of Pentacles

不穩定、即將脫離掌握、落差

事件狀況：目前的狀況看似可控制，實際卻隱藏著許多的不確定性，你的影響力沒有想像中的大，卻可能讓你誤判當下的狀況，此時你需要保守以對，不要太相信別人說過的話或是過去曾經對你的承諾，畢竟此一時彼一時，從前的情誼跟威攝力都可能產生變化，請戒慎恐懼的應對。嘗試在不穩定的局勢中尋找平衡點。

單身尋覓：生活圈有許多不錯的對象，不過很可惜你心性未定，對他們也是略略小曖昧，很難有實際上的交往發生，他們不是不好，而是你想要的更好。同時出現複數的對象代表著現在的你是脫單的最好時機，請把握機會，你以為的吸引力跟魅力，不一定會持續到你想像中的長久。

伴侶戀愛：兩人的感情不太穩定，出現了許多意想不到的變化，雙方的情緒指數都來到高位，強烈的爭執與碰撞已在之前發生，現在則是進入了難以適應的新狀態，目前你覺得未來一片模糊茫然，此時千萬不要慌，摸著石頭過河，這樣混亂的過程，會在你一步步腳踏實地度過後，恢復正常。

事業工作：工作面臨重大變動，可能出現準備高升、降調、轉任等狀況。由於局勢尚未清晰，一切也尚未完全定案，此時千萬要管好嘴巴，也減少與同事之間的八卦交談，以免遭遇「見光死」與「煮熟的鴨子飛了」等狀況。創業者要小心大環境的變動，檢視金流調度，以免發生預料之外的狀況。

人格個性：情緒起伏非常大的人格，你可以跟他聊得非常開心和樂融融，也可能因為一些事件的分歧而翻臉，但好處是此人容易開心也容易解氣，吵起來很大，同時和好也是很快的。財務狀況偏向於月光族，錢多了就想花，錢少了就難受。若要對其深交需要知道他的各種底線，小心應對。

機會財運：不穩定的狀況，此時出現的機會都會有很高的不確定性，所以在做決定之前必須下苦心做功課，提升自己對於該事物的認知水平，才能夠掌握較高的成功率，建議三思而後行。博弈投入方面會出現有賺有賠的局面，到頭來可能空歡喜一場，所以現在並非最好的時機，先等等。

爭執誤會：本次吵架的主要原因來自很細微的小事，但衍生的情緒波動卻是波濤洶湧，此時要化解這個狀況，必須先穩定自己的情緒，從理性層面思考，先安撫對方心情後再來著手處理問題，真心想解決的話，並不困難。在安撫對方途中可能遭遇挫折，但千萬別一起翻臉，戒急用忍，事情很快便能解決。

分手復合：不太容易，因為彼此給對方的撕裂傷害太大，並非馬上可以癒合，所以現階段並不是很好的時機，目前唯一能做的只有修復好自己，並透過第三方釋出基礎善意，等待一段時間後再來進行復合會是比較好的方法。這段感情雙方暫時都需要喘息的空間，所以先各自安好為好。

塔羅建議：抽到這張牌代表事情極度的不穩定，也就像是浪潮般不是我們所能控制的，我們就像大浪中的小船，能做的只有抓穩船舵，先讓自己冷靜下來，緩解恐懼，才有機會在風浪過後重新回到原有的航線上，此時切勿操之過急，或是強求立刻改變，否則將出現更多難以掌握的變數，讓事情更加複雜化。

錢幣三

Three of Pentacles

團隊合作、共榮體系、協同作戰

事件狀況：目前的情況相對穩定，一切都在掌握之中，但事情也很難有很大的變化，幸運的是事情同時也不至於會惡化，若此事能用多人一起處理，那請不要自己獨立辦理，那怕是請問相關領域的前輩高手，或是找有智慧的朋友聊聊天，透過交流來應對現況，都會比獨力面對來的好。遭遇困難適合集思廣益，尋找解方。

單身尋覓：在找對象方面，其實你也很被動，而且已經單身好一段時間，有著不少不想改變或割捨的事，加上這並不是目前生活的重心，所以會繼續單身下去。但若真要找對象也有方法，那就是通過朋友或同事介紹，加上自己保持開放的心，配合團隊作戰，脫離單身也不是難事。

伴侶戀愛：兩人感情關係很穩定，但同時也沒有特別的激情，生活如舊，東昇西降，有點一成不變，若想改變這個狀態，不妨嘗試一點點「驚喜」或「共同體驗」新事物，來為這份感情添點柴火庫存。雙方處於互補式關係，各有所長，所以只要點綴一點熱情，長期方面可以繼續走下去。

事業工作：將遇到一群志同道合的同事夥伴，大家相輔相成，一同為目標共同打拼，感受一下自己適合擔任的位置，在該位置發揮自己最大的輸出，有餘力時幫助其他成員一起達成目標，會使你獲得更多。謹記，發生問題時，千萬別太苛責同行的夥伴，而是要及時伸出援手，你們將會成功。

人格個性：個性穩重，能夠團隊合作的人，在團隊中經常擔任協調者的角色，能提升整理的工作效率，適合擔任：「基層主管」、「領班」等職，缺點是勞心勞力，經常太為了團隊著想，燃燒自己許多的精神與時間，建議這樣的人要先把自己的事情做好，再來援助同仁，才不會太疲憊。有「以公廢私」的傾向。

機會財運：塔羅牌中少見適合與人「合夥」的牌，眼前出現的機會是真真切切的好機會，但同時你也必須成為能匹配這個機會的人，否則你會很累，陷入無止盡追逐，而後因疲憊衍生倦怠而結束。博弈投入方面，較適合團隊集資或是共同持股來增加勝率，大膽嘗試之前記得要小心評估。

爭執誤會：此傷害已入骨，誤會剖深，化解難度略高，可嘗試尋求共同朋友或是其好兄弟閨蜜等協助復合，由良好的第三人提出緩和辦法，冷靜一段時間後，由友好第三人發起邀約，見面就能冰釋前嫌，記得要挑對友好第三人，以防止變成第三者趁虛而入的狀況發生。

分手復合：兩人之間已趨於平淡，分開是經過思考後的選擇，復合並不容易。若是想要放手一搏，首先要先找兩個人的共同好友吃飯，最好跟自己同性，但不提出明顯的拜託，藉由談話中的字裡行間，間接傳遞你對於對象的歉意跟善意，等發酵一陣子，再由你主動提出邀約，才有機會。

塔羅建議：這張牌是代表團隊與合作的牌，若是搭配著負面的牌組同時出現，則代表著問題與危機就在生活圈周邊。有時候錯誤的解牌比什麼都恐怖。此時你能做的就是淡化與周遭人的關係，再慢慢觀察抽絲剝繭來尋找到底是誰在陷害，反之，出現正面牌組搭配，代表有很多人想幫你。

錢幣四
Four of Pentacles

過於保守、有所保留、並未盡力、僵局

事件狀況：這是一個僵局，事件的各方都各懷心思，想用最少的成本獲得最多的利益，沒有一方想要讓步，協調也只會讓雙方不斷重複原訴求，進而陷入空轉。若要化解僵局，則需要採取「誘之以利」的方法，釋出可以割讓的額外甜頭，給對方有賺到的感覺，才能恢復談判與溝通管道。

單身尋覓：由於過往的傷害讓你封閉了心情，使你很難採取開放的態度來結交新的朋友，就算是有中意的好對象出現，你也只會在家點點對方社交軟體，看看乾瞪眼，也很難主動去聯繫對方，更別說約出來見面了。請記得，別讓過往的傷害失去你原有的美好，否則戀愛將越談越慘。

伴侶戀愛：這是一段偏重於物質的感情，在內心深處其實很恐慌，沒有安全感，總想著看看有沒有方法可以一招綁定目前的狀況，如結婚、生孩子、養寵物等。當害怕失去的恐懼感過度提升後，漸漸會演變為想控制對方的人格，對於關係可謂毫無助益，並無端的添加了龐大的壓力。

事業工作：目前配合的對方其實跟你並不熟識，嚴格來說可能連朋友也稱不上，由於沒有互信的基礎與實際約定，一切都還很虛無飄渺，你需要多了解認識先別下決定為好。工作方面請不要把同事當成朋友，現階段你還有利用價值才會跟你親近，回歸現實，其實大家對你並不十分看重。

人格個性：生性保守，不易相信別人，生活圈很小，活在自己的世界裏，很怕吃虧的人，不窮卻非常小氣小心眼，若你身上有他需要的東西，他會對你熱臉相迎，若沒有了，那又是另外一副面孔。感情上是情緒勒索者，喜歡四兩撥千金，他的略施小惠都是希望你回應大恩與真心。與其交友也會被劃分等級，區別對待。

機會財運：由於量入微出的關係，你的財務狀況並不差，由於你對人太過於小氣，很多大機會都不會因此靠近你，所幸你自己能把自己養得很好，所以機會你也不太需要。若想要改善請廣結善緣，別太在意小錢，人際關係以「開心就好」為核心取代「斤斤計較」，很快就會出現好的機會。

爭執誤會：各說各話的爭執，誰也不讓誰，吵架的原因並不大，但卻是因為過度要求細節與反應所引發，此時你要明白，男女思維有別，你們都用太嚴苛的標準在檢視對方了，在感情中，先讓步並不算輸，送點真心的禮物加上誠懇的致歉與擁抱，問題並不大，也不至於會惡化下去。

分手復合：分手真正的原因，我們可能永遠都不知道，對方嫌棄你窮也會推給個性不合，嫌棄你醜，也能推給父母反對，總之抽到此牌最好都不要復合最好。若硬要復合其實並不難，只要你能快速變瘦、變好、變有錢，對方很快就會製造機會，且以從未見過的友善方式出現。

塔羅建議：此牌若搭配負面牌組同時出現，且無一張好牌時，須當心對方只想要利用你，事實上他的確有所付出，但同時也要知道他圖的是什麼？絕對不是你的好，更不是你的真誠，而是你擁有他非常渴望的資源或環境，當對你的「槓桿策略」開始不好使的時候，將轉成質疑並要求你承諾與自證。

錢幣五
Five of Pentacles

時機未到、知足知止、按兵不動

事件狀況：目前的狀況十分不利於你繼續前進，首先要說你想追求的東西，其實已經部分擁有，只是你想著再去追逐更好或更多，這樣貪婪的心態會影響你對於決策的判斷，越大的願望跟越難解決的問題，越不可能一舉成功，現在的時機請你回歸自我檢視，看看自己所擁有的，按兵不動為佳。

單身尋覓：目前不是脫單的好時機，有不少人喜歡你，但你卻偏偏只喜歡自己喜歡的，朋友經常拿你的眼光來跟你開玩笑，你卻毫不在意，依然用自己最原始的方式尋找對象，此時若找到了，也將會是一場輪迴你過去失敗的新戀情，換湯不換藥，純粹白費功夫而已，甚至是重演一場感情浩劫。

伴侶戀愛：感情進入一段追逐期，雖然擁有感情也有部分的幸福，同時卻也對對方的要求越來越高，一方常不自覺地嫌棄對方，對方近乎所有的優點都被拋諸腦後，言語與態度充滿著要求，不斷的以期望之名束縛對方承擔責任，導致感情狀態越來越沉重，逐漸失去愛的感受，只餘壓力。

事業工作：事業進入瓶頸期，想要的業績與目標目前並無法達成。其實你已有所小成，但你仍不滿意現況，執意要繼續追逐，此時是最容易犯錯的時候，謹記：「錯誤的決策比沒做更嚴重」先把注意力拉回自己身上，評估看看自己值不值得犧牲現在擁有的去追逐未知的，將會有清晰的答案。

人格個性：不知足，不太惜福的人，這樣的人行動力很強，但卻像無頭蒼蠅一般，這也好那也好，很難定性，很多事情都無法堅持，但換來換去的動力卻是泉源不止。這是典型的勞碌命，害怕自己歇下來就會損失時間與機會，沒有足夠的思考跟分析，加上眼光奇差無比，最終結果就是庸碌徒勞。

機會財運：先前運氣不錯的你，正想要再加把勁，奮力一搏，但此牌的出現明確表示，現在真的不是好的時機點，盲目行動只會得到躁進的結果，修身養性一陣子吧，別衝過頭了。博弈投入方面，因才剛有小勝，膨脹的得意讓你想拚個大的，先別去，你會損失慘重，暫時休整為上策，勿因錯誤判斷而失大局。

爭執誤會：表面上是因情緒的爭執，但實際上卻是兩人為了自身的利益考量衍生的狀況，並有南轅北轍的想法，誰也不讓誰。此時若想解決，只能退讓，若繼續堅持需要很長一段時間才會有所改善，雖然不至於會再更惡化，但卻會是未來兩人之間斷絕的因素之一，得小心處理，不可不慎。

分手復合：對方早已捨棄你投奔他認為更好的懷抱中了，其實你也早就察覺了幾分異樣，只是你不斷的合理化自己的猜疑，這不是你的錯，是對方心飄了，放棄吧，就算復合也沒有意義了。硬要的話，你只能用「他最想追逐的東西」來吸引他，只不過就算回來了，也只是藉著利誘，不是真心的，罷了吧。

塔羅建議：此牌明確表示現在不是進行行動的時機。記得在新冠疫情前夕，一位老闆算牌想開燒烤火鍋店，當時出現錢幣五與權杖十等牌，我當即表明近期千萬別開，曉以牌意後老闆悻悻然地離去，而後疫情爆發，餐飲業大受影響，我收到一份豐富的蔬果箱與口罩，上面寫著謝謝老師的占卜，還好沒開。

錢幣六
Six of Pentacles

共榮共存、團隊逐利、樂於分享、現實問題

事件狀況：目前情況不算太差，尚有轉圜的餘地，若要有更好的轉變，請你分享你當前的成果給一起同努力的人，就算餅再小都得這麼作，有時候解決問題的方法是給對方一個好的感受，若是只握著利益不分享，卻還滿口要求別人，問題將會惡化且不易收拾。往大家都有利的方向去思考吧！

單身尋覓：有機會脫離單身，但同時需要努力與花費時間才能達成，長期投身在「積極賺錢」上的副作用就是對「感情慵懶」，此次只要不夠主動積極，這些對象很快就會從你的身邊遠去，屆時後悔也來不及。別想著用錢去砸，而是要把錢花在兩人的共同體驗上，將大幅增加成功機會。

伴侶戀愛：雖然感情狀況穩定，但卻存在的明顯的主從關係，雖然目前是一個不錯的相處狀態，但你是主者，請「多體諒」其「付出」並「給予鼓勵」，若你是從者，請「多感恩」並「珍惜」，並適度給予回饋，感情才能走得更長久。切記不要想著單單以「金錢」或「慾望」來控制對方。

事業工作：如果你是團隊中的領導人請不吝分享成果激勵大家，如果你是團隊的成員請分享你的精力去協助團隊完成任務，將會有共同富裕的成果。獨立工作者可以尋找合適的對象介紹案子給他們，將會使你的工作越來越順利。能力出眾的你，要換工作也非常容易，只是現在離開似乎有點可惜。

人格個性：團隊的領導人，能賦予團隊目標與方向，擅長激勵他人，自己也能做出表率，是負責任且不吝嗇的人，有熱於助人的心，加上財務知識涵養豐富，在生活圈是個很棒的老師。缺點是過於容易太認真在別人的事情上，往往吃力不討好或是被白白利用，還有太好借錢也是特點。

機會財運：群策群力的共榮機會即將出現！你將受邀擔任團隊中一個重要職位，可以讓你盡情的發揮所長，並得到豐厚的利潤，是塔羅牌中少數適合與人合作的牌。博弈投入方面找多人一起參與，勝率將大大的提升，若是有所獲利，也請不吝分享給周遭的朋友家人，會讓你更有好運氣。

爭執誤會：主要因素是分配不均的問題，例如：時間、家務、金錢、負擔等不公平累積所致，此時要做的不是據理力爭更不是要辯論得勝，而是該重新審視這個狀況，提出調整辦法才是上策。為了破冰開啟雙方的對話渠道，可嘗試買一份有心的禮物來獲得契機，總體問題不大，給予對方尊重與體諒就能解決問題。

分手復合：是權衡利弊後的選擇，要復合除非現實狀況改變否則幾乎沒有機會，此段感情可以說起於愛與陪伴，終於現實與利益，由於長輩或金錢等現實問題長期無法得到好的改善，因而停損放棄關係，別相信對方所說的分手原因，也不要去想為什麼，因為此牌代表著就是純粹的「現實」。

塔羅建議：曾經一對相處近兩年的情侶抽到此牌，並搭配著寶劍七與權杖二，抽完牌後我深深嘆了口氣，表示這一切已經無法挽回，現實問題已經覆蓋了感情，加上寶劍七的強大桎梏力讓雙方都無法繼續前進，隨後的權杖二也代表著權衡，目前的結果是深思熟慮後的選擇，只能止損退場。

錢幣七
Seven of Pentacles

值得等待、守得雲開見月明、略有所成、過程

事件狀況：好事多磨，只能用耐心與時間來面對當前的狀況，有時候操之過急或過度推行反而會適得其反，此時的等待並不代表著躺平，此牌同時也具有「思考」的涵意，在真正的結果出來之前一定還會出現新的問題，此時從長計議為長遠作打算，是應對現況的絕佳方式，別太著急了。

單身尋覓：再等等吧！好戲在後頭，目前身邊的對象都可以忽略，你的真命天子（女）就要來了，此時你得打理好自己的外貌儀容，適度的運動與充足的睡眠將會使你在未來的他面前更加容光煥發，透過閱讀充實內在，冥想與正念來掃除過往的情緒廢物，以嶄新的自己迎接美好的未來。

伴侶戀愛：感情還算穩定，但同時也有一種瓶頸的感覺，此時請不要慌，不是對方沒有心繼續更進一步，而是要雙方都能配合彼此的步調前進，才是真的前進，若一方過度領先，另一方追之不上，反而會衍生龐大的壓力進而放棄，主要擔任的角色在前頭開路，並兼顧後頭照顧，才能順利。

事業工作：小有成就的你正在思考你的事業生涯，過去的努力已然成為你寶貴的經驗，此時不必急功貿進，重新檢視自己手上的籌碼，作出最好的判斷。雖然這張牌對於工作都是屬於累積有成的概念，但在換工作上並不合適，必須再堅持過一段時間，有階段性成果再換工作為佳。

人格個性：有一定經歷的人，現在也在享受著自己過往的成果，善於思考與規劃，喜歡慢慢來，按部就班的過日子，小日子過的還算愜意。缺點是催不動也打不動，過於照表操課，與其相處較為無趣，但其實他都有他的規劃，你也別太擔心他，只要確保他未來的規劃有你，那一切便就沒什麼大問題了。

機會財運：出現需要耐心培養的機會，出現在你過往正確的作為，良善的人脈經營中，是一個剖具規模與高度的事業，請在真正任職或投入前，好好充實自己的相關領域知識。博弈投入方面可以選擇先等等，好好思考過陣子在來執行也不遲，甚至過一陣子後會出現更好的時機。

爭執誤會：你想用以拖待變之招，或是過陣子對方就不生氣的方法都會失敗，別弄巧成拙被對方貼上「冷暴力」的標籤，此時可以採取進退得宜的策略，以友善肢體代替語言，以行動表彰愛意，並默默陪伴在對方身邊，以讓對方感受愛為核心，就能逐漸化解紛爭，需要一段時間持續執行。

分手復合：有復合的機會，但不會太快，兩人都在硬撐，就算一方軟化另一方也會繼續擺架子。此時最好的辦法就是隔空示愛，在社群軟體上發布你們才懂的文章，配合非刻意且偶然間的相遇，並不做過多糾纏，以微笑帶過，事後再慢慢拉回來會是比較好的方式。完全急不來的。

塔羅建議：此牌搭配正向牌組，表示值得等待。若第一抽是此牌，後面皆為負面牌組的情況，則需當心有「白費心力」的問題，被占卜者通常會有嚴重的焦慮與抑鬱狀況，深層的不安全感也會同時伴隨，此時我們能做的只有助其穩定情緒，跳出框架來看待問題，才有辦法著手解決。

錢幣八
Eight of Pentacles

專注、活在當下、修行、自我提升

事件狀況： 目前的狀況想要有所突破或改善，必須把心力放在自我提升上，無論是關於工作的專業技能，或是關於情緒的情商提升，或是關於身材的運動健身等，唯有自己提升到新的境界，才能同時獲得全新的視野與調整問題的方針，別著急，只要你繼續向前，問題的答案會逐漸明朗。

單身尋覓： 是自我提升的好時機，並不容易脫離單身，因為你太注重在賺錢或興趣上面，所以很難有時間心力去改變現況，此時若隨意找對象，更可能陷入一個嶄新的困境，所以不如封心鎖愛，專注在讓自己變好的道路上，別怕白費心力，堅持下去，你會重新愛上蛻變後昇華的自己。

伴侶戀愛： 感情狀況趨於穩定，較少會有真性分手的狀況發生，但兩人之間仍存在著明顯需要互相改善的空間，請別忽視對方的意見，因為他是最親近你的人，好好地接納問題，並落實改善，就算再難都要咬牙朝更好的方向前進，伴侶的價值在於兩人能一起面對並改善問題，謹記。

事業工作： 由於你的專心投入，事業已取得階段性的成功，但此時卻不是享樂的時候，要在賺錢的趨勢上順風順水，需要搭配的是持續精進的心態與決心，可以獎勵自己，但千萬別放縱自己，你還有很多大事要做，別讓周遭的酒肉朋友影響你的事業心，繼續衝刺，直到目標達成！

人格個性：專心在自己努力事物上的人，他們不苟言笑，表情也很少，但那專注的神情卻是十分的吸引人，若想要與其交好，你必須與他一同投入他所努力的方向，若你能做得比他更好，那他將會對你刮目相看。缺點是人際關係欠佳，活在自己的世界。適合擔任：「科學家」、「軟體設計師」

機會財運：一直很專注在工作上的你，將會出現不錯的機會，請好好把握，但同時你也必須充實自己的專業技能，並撥出心力研究機會中的新領域知識，才能搭上這班蛻變的列車，迎向新的目的地。博弈投入方面以穩健標的為優先，最好是自己曾經接觸有一定經驗的標的，有小賺的機會。

爭執誤會：不擅言詞的你很容易讓對方誤會你的意思，進而衍生更大的糾紛，有口難言的感覺很痛苦吧，這是你的重大癥結，一時也很難改進，要靠溝通化解現況是非常困難，只能放低姿態去緩和局面，用帶著善意的行動與心意繼續跟對方相處，若非原則性問題，適度退讓也是一個方法。

分手復合：兩人專注的方向已然進入了岔路，一個想左轉一個想右轉，你們這台車已分崩離析，要再重新拼回除非有共同的目標，否則可以說是難上加難。正因為是共識分歧所致的分手，沒有一方願意改變方向，就別再虛耗，反正你們誰也不想改，那又何必繼續這疲憊又無謂的堅持。

塔羅建議：本要放棄追求對象的學員來占卜，由左至右出現了權杖三、錢幣八、聖杯二，牌面示意著兩人還有一段距離，先要專注在自我提升上，而且得「要讓對方看見」，舉例如健身、研讀、進修等，透過友人傳遞或社交媒體展示，讓對方知道他正自我提升後，便開啟了交往的契機。後續復盤對方是佩服學員的堅持力。

錢幣九
Nine of Pentacles

流連忘返、豐饒富足、階段性成功

事件狀況：該事件最困難的部分已經被你克服了八成，現在的你必須「戒急用忍」、「步步為營」去維護先前勝利的果實，放緩腳步細心呵護它，目的地雖然就在眼前，但當下急不得，甚至適度的「以退為進」都是一個好的策略，沉著以對目標明確的前行，你終究會擁有你所想要的事物。

單身尋覓：有脫單的機會，且也會是一個非常好的對象，但缺點是人數就這麼一個，沒把握住就都沒了，此時要做的是隨時把自己的狀態上好上滿，無論是精神、氣質、外貌、神態皆要在一定的水準之上，才不會在遇見時表現的不自在，也更能使對象在擁擠的人群中，看見最耀眼的你。

伴侶戀愛：愛到深處就會進入一種很特別的狀態，會想無限增加與對方待在一起的時間，剛分開就會開始想念，想盡辦法排除外務只為了能多親近彼此，在這美好的狀態下請好好享受，同時也要把這些美好珍藏，這段時間的相處將會成為你們的「記憶存摺」，請接著浪漫，接著舞，別停。

事業工作：非基層職務的你仍是恪盡職守的在努力，但此時你必須做的，並非單兵作戰，而是一群人的共同勝利，一直以來你都能把自己的工作做到最好，但現在不同了，該是當一位將帥的時候，請歸零學習，朝自組小隊甚至自立門戶的方向去前進，排除萬難堅持下去會有更好的發展。換工作也可以換到很好的職位。

人格個性：沉著穩重，自然散發的氣場來自於深厚的背景與底蘊，是不容小覷的人，資源人脈豐富，與其誠懇交流，他們也會反饋你一些從來都沒想到過的方向指引，小則免去一災，大則步上青雲。缺點是講話方式讓普通的人難以理解，喜歡用「點」的方式隱晦表達，若悟性不夠，相處起來會很痛苦。

機會財運：已到達此境界的你有著太多的機會，現在該考慮的不會是要選哪一個，而是哪一個機會就算執行失敗，損失會是最小的，朝那個方向去選擇就沒有錯，富人最重視的不是獲利而是風控。博弈投入方面也不用太過於重壓一個方向，反而現在做這些只是娛樂而已，圖個參與感罷了。

爭執誤會：小爭執持續已久，擅長把控大局掌握大方向的你，完全不擅於處理這些細小紛爭，因為這並不是你曉以大義就能解決的問題，反而會讓對方更難解氣。講道理是完全行不通的，此時必須拿出你的同理心，設身處地站在對方的角度看事情，嘗試理解對方生氣的點，並進行補償，對方感受到後爭執很快會化解。

分手復合：因為交往時間不短，彼此之間還存有情愫，但卻是務實的「理性分手」，在這樣的狀況下，除非現實面有什麼重大轉變，否則很難因念著舊情而復合。若是即刻改善顯著的缺點，倒是有一絲可能，例如立馬戒菸酒、早睡、積極的找到新工作等、以最快速度成為一個更好的人才有機會。

塔羅建議：這是一張非富即貴的人才能抽到的牌，若搭配牌皆為負面，則是過去的美好現已不存在。曾經占卜過一位穿著得體卻中氣不足的學員，他抽到錢幣九、權杖十、寶劍八，占卜事業，我一開口就說閣下過去應該是一位傑出的人，但遇到重大困境，恐懼已經讓他看不到未來了。

錢幣十
Ten of Pentacles

享受成果、已臻圓滿、財富傳承

事件狀況：目前狀況穩定，且繼續往好的方面發展，推動這一切的力量，源自於早前的各項努力，你的高瞻遠矚逐漸落實為實際收益，用最初的心繼續執行下去，你想要的終將達成。請往長期永續的方向去維護落實，這件事若弄得好，可以讓你自在很久，別貪圖眼前的利益，用更長遠的眼光去審視會更好。

單身尋覓：由於此牌帶來的穩定性太高，等於間接對單身者實施繼續單身的宣告，這代表著你有僵固已久的問題尚未解決，無論是感情中受到的傷害或是對於伴侶的一些「既定成見」，這些都影響著你，讓你難以擺脫現況。請用嶄新的心態去面對，記得別一竿子打翻一船人。過去的感情挫敗不代表未來挫敗。

伴侶戀愛：感情狀態穩定，若搭配正向的聖杯元素牌，則有長期交往或步入婚姻的機會，若有此打算請好好把握這段時間。若搭配較為負面的牌組則是象徵著兩人是利益共同體的關係，狀況穩定卻不夠緊密，無論搭配的好與壞，共同點就是關係穩定暫無分手疑慮，但有些瓶頸得一起面對。

事業工作：工作趨於穩定且在不錯的區間當中，已經做到了同業最好或公司頂尖的你，反而得花一些小錢用於增進人際關係上面，別吝嗇付出，你將會得到較安全的低競爭環境，也能成為別人心中的標竿與理想，成為帶領團隊獲利的領導者，將使你的收穫更豐！目前不是換工作的好時機。

人格個性：萬能型的人，對於多項事務都有一定深度的了解，能力上乘，為人八面玲瓏，人際廣度很高，也很少樹敵。但很可惜的是很少真心的朋友，大多都是利用他從中獲利的人在身邊，適合體制內（企業）做事，法制外（幫會）會被其他人吃得死死的，毫無發展的機會，因此不能走錯路。

機會財運：當你到達目前的境界，大多數的機會你已經可以選擇無視了，因為在你最成功的時候，出現的機會往往會是糖衣毒藥，重視風險的你乾脆就選擇迴避，明哲保身維持現況就好。博弈投入方面，先前已經勝了不少，此時若又重壓單一標的，根本就是找自己麻煩，好好吃飯好好睡覺，對你來說比什麼都重要。

爭執誤會：由於是沉積長久的紛爭，短時間內難以解開，也不是個簡單就能改變的事情，現在是完全急不來，此問題大多是由於你長期專注於工作、興趣、自我提升等方面，忽略了對方的情緒所致，所以要修復也要靠時間來調整回來，撥出更多的完整時間來陪伴，便能化解紛爭。

分手復合：因牌的特性，要從情感方面復合是幾乎不可能的事情。只能從「現實面」、「物質面」去著手，這樣雖然有機會復合，卻不再會是過去那樣的感情關係，就算成功也會難以長久。別拿著別人需要的東西做吸引，讓愛回歸最原始的樣貌，再去尋找真正有愛的戀情吧。復合無用矣。

塔羅建議：在一次脫離單身的占卜中，學員抽到了錢幣四、錢幣十、錢幣國王，解牌時我一語道破了他的僵固思想，我說他對於感情十分保守也不太願意主動付出，自己也過得好，有想找對象卻又嫌麻煩，本身是很固執的人，對交往有刻板印象。後來得知他被前任對象騙錢，所以疑心重重。疑人不愛，愛人不疑。

錢幣侍從
Page of Pentacles

新開始、新目標、新的學習、新的財務規劃

事件狀況：事件出現嶄新的機會，並意味著新的「學習」與「成長」，也是目前職業發展的開端，理財的開始等，具有很顯著的「起始意味」，請抓住機會，用新的思維看待問題，用新的方式處理困難，將會使事情往更好的方面發展。請行動起來，朝新的方向去努力，勝利的果實就在路上。

單身尋覓：將會遇到一位特別的對象，他心靈富足且有耐心，對於感情也有自己的看法與堅持，千萬不能用過往的方式對待他，而是著手仔細研究兩人最適合的相處方式，並佐以開放與學習的態度，將很有機會找到可一起「成長」與「發展」的伴侶。他很聰明且願意付出，請善待他。

伴侶戀愛：你們雙方是亦師亦友，遇到不同的問題可以互補並處理，雖然感情還在初始階段，彼此的激情略顯不足。可嘗試設定新的共同目標，並實際逐步落實，非常有機會發展成長期關係，對於感情來說是非常美妙的細水長流關係，若要添柴火，可著重在激發彼此賀爾蒙的熱情上下功夫。

事業工作：剛換到新崗位，或是接手處理新的專案，或是用過往不曾接觸的新思維處理業務，這是一項挑戰，卻同時充滿了機會與趣味，身歷其中會覺得十分新穎，你也意外的善長處理這個新局面，現在不是換工作的時候，而是你大顯身手的絕佳良機，好好把握，能讓你改頭換面。

人格個性：勤奮實際的人，注重學習與成長勤學不倦，平時也會自我進修，知識含量比同齡人豐富不少，缺點是太好被人交辦事項，因都能如期順利圓滿處理事務，就會造成什麼都得他來做才能做好，容易多承擔太多工作量，導致身心俱疲。容易因長期繁重後出現疏漏，成為被檢討的「背鍋俠」。

機會財運：新的機會與新的開始，可以逐步累積財富，會有不少小小的賺錢機會，你必須讓自己維持在一個相對較好的狀態，才能承接這一波波的獲利風浪，博弈投入方面請不要拚太大，積小勝就好，不要孤注一擲更不要重押梭哈，一切以維持階段收益為優先，將會是不錯的小偏財

爭執誤會：用開放心態來面對，實際的行動來化解誤會是最好的方式，嘗試作一些真正而非宣示意義上的改變，用心去維持這個成果，對方會很快感受到你的誠意，這本來就不是嚴重的爭執，只要有心在解決上問題並不會惡化。怕就怕消極逃避，怠惰不想面對，痛苦就會加劇，後續將更難以收拾。

分手復合：透過共同友人邀約，一起參加共同成長與學習的行程，例如：專業進修課程、讀書會等，需要實際行動與縝密計畫來搭配，雖然執行起來不簡單，但以此方式復合的機率將相當的高！而且還能透過一起學習的過程，調和彼此的情緒與頻率，重新建立比過往更穩定更健康的關係。

塔羅建議：感情方面，無論過往有多少經驗，千萬不要覺得自己很懂感情很懂愛，其實這是一門需要終生學習的課題。其他方面請注重學習新知的機會，保持歸零學習的心態，相信自己努力會成功，「毅力」與「堅持」是必不可少，真正的進步是需要一段很長時間的持續努力來孕育的。

錢幣騎士
Knight of Pentacles

穩步向前、持續前進將獲得成果、慢慢成功

事件狀況：請腳踏實地步步為營的處理目前的事件，別想著找捷徑，這是需要耐心與堅持才能慢慢變好的狀況，請從細節著手，一點一滴的慢慢調整，需得不厭其煩的逐步排除小問題，才能慢慢挖掘解決問題的契機，事件會演變至此，定是先前的疏漏所致，但也慶幸此牌有化危機為轉機之意。

單身尋覓：將會出現一位穩定可靠、慢熱、堅定的對象，對其請付出耐性，好好的用心交流，並在不經意間，透露出堅定且有毅力的感情觀，給予對方長期交往的清楚意向，一步步經營就能妥善地在一起，若只想要一招致勝，或是空手套白狼，將招致嚴重的損失，並失去一切機會與可能。

伴侶戀愛：這段戀愛意外的有上班的感覺，整天照表操課，一切都在預期之中，雙方都會覺得有點無趣，雖然有不錯的穩定性，但太過於制式化的相處，讓彼此的熱情都熄滅殆盡，此時還是要想辦法增添柴火，請嘗試不同的穿著或場地，亦或是不同的新體驗等，一起嘗鮮是最佳辦法！

事業工作：有負重前行的感覺，因為你的處理問題能力較佳，所以被交付更多的工作與案件，讓你感到沉重，但這些事情若能妥善運用，將成為你轉職的絕佳基石。適合帶著豐富的經驗與履歷跳槽的時候了，你將會遇到更好的老闆，獲得更好的待遇與工作環境，別猶豫，馬上換！

人格個性：踏實勤奮有耐心，務實，具備執行能力與責任感，非常積極的人，也對於部分專業知識有深入的研究。缺點是容易一頭栽進研究的世界中，忽略親近的人且人際關係較弱，只會執著在把事情做好的上面。適合擔任：研究人員、考古學家、生物學家等需要花時間心思來成就的事業。

機會財運：將出現可靠的致富機會，但非常需要時間與投入精力來經營，屬於慢工出細活的形式，可以好好把握，若自認自己沒耐心，也可以直接放棄，因為這個機會並不是簡簡單單就能得到收穫的。博弈投入方面建議尋找穩健的標的，雖然起伏不大，收益不高，但一切以穩定為考量最佳。

爭執誤會：少數可以送點小禮物來解決爭執的狀況，請不要再放縱自己的情緒了，好好買束花或布置一個好的儀式，誠懇的致歉就可以解決爭執。誤會方面只要你做出愛對方的行動，加上真誠的擁抱與耳語，誤會很快就能冰釋。別再愛面子耍冷暴力了，這是處理爭執誤會最差勁的方式。

分手復合：首要是避免急躁，復合之路漫長，所幸目前還沒有完全翻臉封鎖，可以逐步藉由不頻繁的聯絡，無刻意感的分享一些自己缺點改善的成果，不能給對方任何的復合壓力，盡量給予正面的看法與內容，間接展現努力變好的積極性，持之以恆，復合機會將穩步的持續提升，加油堅持下去！

塔羅建議：腳踏實地，相信自己的方向用持續的執行力來面對所有的關卡。曾經有學員接到一個大案子，抽到了錢幣騎士、錢幣七、錢幣十，是珍貴的三錢幣正向牌組，我告訴他只要持續努力就會成功，兩個月後他順利結案，喜獲人生第一桶金，他感謝我在他最難受最迷茫的時候，提點他堅持。

錢幣皇后
Queen of Pentacles

繁榮、成就、該有的都有、物質保障

事件狀況： 事件發展得十分順利，實際成就顯著，具體細節清晰，這一切的脈絡是你長年來的知識累積之大成，這絕非偶然，請無時無刻地相信自己，繼續朝正確的道路去前進，流言蜚語請當作過程，真正的夢想即將達成，無論如何都沒有人可以阻止你變好、變強、變卓越！除了你自己。

單身尋覓： 將出現暖男／女的優質對象，他對家庭有超越同齡的美好認知，同時也願意投入時間心力來經營，是一位接近完美的長期對象。也可能是一生之遇最好的前三名。與其交談如沐春風暖陽，也不迴避討論未來長遠的發展，請使出渾身解數去追求吧！這位佳人值得你投入心力的。

伴侶戀愛： 你們有不錯的物質基礎與共同的家庭價值觀，且有深厚的情感與堅定的愛，目前是絕佳的狀態，若是要求婚也十分有把握，請好好經營並在這段時間留下「幸福回憶」的存摺，有幸可以受用終生。有空多談心，也可以規劃一場小旅行，繼續嘗試更多讓感情增溫的方法，還會更好。

事業工作： 事業有實際的成就，家庭與工作的平衡讓你充滿活力，好好珍惜那位在背後支持你的伴侶，身居要職的你，已透過早前的努力改變了人生，現在只要好好保持，一切會繼續順利的走下去。沒有什麼換工作的必要，現在已經很好了，好好珍惜，以後你會很懷念這段工作時光。

人格個性：溫暖關愛，注重生活與舒適的人，善於管理資源並合理分配，在團隊中是核心的存在，是難以被取代的人，因為他們聰明仔細，也能八面玲瓏，除了一點小個性，人格上沒什麼顯著的缺點，但就是這樣的人，容易遭致陷害汙衊、忌妒仇恨，自己也很難為自己辯解，無須理會這些雜音，因為本身過得很好。

機會財運：出現很棒的獲利機會，審慎評估過後就衝吧！適合進行房地產類投資，落實財務管理，是讓自己財富提升的大好時機。賺錢機會就在眼前，此時博弈已經相形失色，根本不用冒大風險，賺得都比以前多，暫時不用花太多時間研究一些旁門左道了！去做手上最賺錢的事情就好！

爭執誤會：請即刻採取溫暖實際的態度來處理紛爭，目前不是冷戰的時機，對方也在等你的釋出善意，你們之間的對立，並沒有實際表現上那麼嚴重，請不要放棄溝通，因為最了解彼此的還是彼此，緊繃的情緒一得到緩解後馬上就會往好的方面發展，趕快去親親、抱抱、舉高高吧，他也在等呢。

分手復合：善待自己與對象，你們的分開不一定是某一方的錯，而多是「時不我與」進而衍生的結果。目前分開的主因非常牢固，除非你能大破大立的馬上做出顯著的改變，不然復合的機會並不大。你們就算分開都能過得不錯，所以彼此的依賴性比較低，復合最需要的吸引力實在不太充沛。

塔羅建議：請妥善分配資源與時間，保持伴侶與事業間的平衡，唯有兩個都能穩健，才能走向你想要的地方。學員一次求婚占卜中抽到了權杖四、錢幣皇后、權杖一，我請他趕緊規劃流程，出現兩張權杖牌，行動是必須的，為了調節牌面元素平衡，特別選在湖邊的傍晚，求婚成功。

錢幣國王
King of Pentacles

固執、溝通窒礙、有物質財富卻缺乏精神財富、商業價值

事件狀況： 代表穩固與成功的狀況，只要穩健前行而不躁進，事件會慢慢越來越好，一切也終將達成目標！在事件中的人際關係需要多下點功夫，以確保一切順利進行，人情世故是你少數的弱項，只要拿出真心誠意與其相待，搭配妥善合宜的禮品，還是能勉強維持一個順暢的進度。嘗試不油膩的稱讚他人，有助於事件的順利進行。

單身尋覓： 由於自身對感情存在一定層度的「偏見」，所以十分難開啟新戀情，就算出現一些不錯的對象，你也會在未深入熟識的情況下，自己給予其「負面剖析」，屬於自己找自己麻煩的性格，交不到對象是正常，交得到才沒有道理。找個信任的智者朋友替你的觀念把把脈，重塑認知，才會有轉機。

伴侶戀愛： 此牌代表穩定與安全感，暫時沒有明顯的分手危機，但同時也缺乏精神層面的支持，兩人在溝通成效上並不太好，一方會很堅持己見難以調整，短時間當然沒關係，但長此以往，還是可能演變為分裂危機，好好的籌備一場約會，在燈光美氣氛佳的時候，好好說說心裡話，便能長久。

事業工作： 因為你卓越的領導能力，讓你取得階段性的成功，當前是職業生涯中相對良好的境地，不過你有點驕傲，可能會不自覺的樹敵，得多加留意。請暢通的你的對話管道，別讓自己變成一言堂，廣納多方的想法，自己再統整意見落實，會是較為穩健的方式。適合創業與換升管理崗位。

人格個性：務實穩重可靠的人，能獨立思考、有管理與組織能力，並富有責任感，在團隊中屬於頭部梯隊，個人能力底蘊豐厚，執行力有目共睹。缺點是十分固執，難以接受他人的意見，容易在決策上與同事衝突，衍生不必要的團隊內耗。適合擔任乾綱獨斷的企業主、創業家。

機會財運：適合執行積極策略的好時機，你的獲利機會滿滿，若同時無匱乏牌組出現，則可乘勝追擊，把握這個機會，可以讓你一年抵三年。博弈投入方面其實先前已經有所獲益，但若想要更多只能按部就班，而不是孤注一擲，請繼續採用原先的穩健獲利策略，逐漸擴大優勢與規模，可得成功。

爭執誤會：請嘗試保持「冷靜理智」的態度來處理問題，一方或雙方的「執拗脾氣」是解決爭執最困難的主因，你們吵起來互不相讓，都在比誰更硬，換個角度想，這絕非長久之計，有時候這樣的僵局反而會傷害感情，並有徒增誤會的危險，如果你不擅表達，請給對方一個深深的擁抱吧！

分手復合：心靈層面必須放棄原有的固執，你們之間溝通太少，很多事情沒有及時講開，進而累積成今日的結局，兩個人之間感情已消磨得所剩無幾，所以復合並不容易，除非你能重新創造屬於你們的共同方向，並堅定的把彼此放在未來的計劃中，才有一絲曙光，過程會很艱辛，慎之。

塔羅建議：請以務實理智的態度，保護目前的成果，切勿急功近利。曾幫學員占卜一個賺錢機會，出現寶劍七、聖杯七、錢幣國王，當幻象與偷竊二牌並出，搭配錢幣國王就幾乎代表著財富的騙局，及時提醒他切勿上當，事後學員回報周邊幾個朋友都被其騙走不少錢，慶幸僅他躲過。

國家圖書館出版品預行編目

革命塔羅 = Revolution tarot / 李艾克著. --
臺北市 : 致出版, 2024.12
面；　公分
ISBN 978-986-5573-92-8(平裝)

1.CST: 占卜

292.96　　113016175

Revolution Tarot 革命塔羅

作　　者／李艾克
出版策劃／致出版
製作銷售／秀威資訊科技股份有限公司
114 台北市內湖區瑞光路76巷69號2樓
電話：+886-2-2796-3638
傳真：+886-2-2796-1377
網路訂購／秀威書店：https://store.showwe.tw
博客來網路書店：https://www.books.com.tw
三民網路書店：https://www.m.sanmin.com.tw
讀冊生活：https://www.taaze.tw

出版日期／2024年12月　**定價**／420元

致 出 版　向出版者致敬